단순함의 힘

The Power of Simple

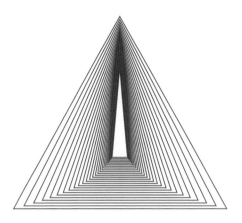

나는 왜 생각만 할까

단순함의 힘

김경록 지음

BOOK∧ER

여는 말

귀차니즘으로 버려둔 내 머릿속 빈 공간, 200% 활용하기

필요한 물건을 찾기 위해 수년간 치우지 않은 방이나 창고에 들어가본 기억이 있는가? 온통 쓰레기 천지에 필요한 물건은 어디 있는지도 모르겠다. 이때 당신은 어떤 생각이 들까? 짜증이 올라올 것이다. 상자를 하나하나 뒤져보려니 시간이 너무 오래 걸린다. 미리 청소를 해둘 걸 그랬다며 한숨을 내쉰다.

이런 문제를 해결하기 위해서는 주기적으로 청소를 할 필요가 있다. 쓰레기와 불필요한 짐은 버려야 하며 보관해둘 것들은 명확한 기준에 따라 분류해야 한다. 정리와 정돈은 작업을 단순하게 만들어주며 효율을 높여준다. 세계 최대 전자상거래 업체인 아마존이 창고에 로봇을 배치할 수 있었던 것도 명확한 창고 정리 덕분에 가능했다. 로봇만으로도 업무를 충분히 해결할 만큼 체계를 갖춰놓았다는 뜻이다.

그렇다면 우리의 머릿속은 어떨까? 머릿속은 눈에 보이지 않는 공간이기 때문에 청소와 정리의 대상으로 여기지 않는 경우가 많다. 그러나 중요한 일을 깜박 잊는다거나 큰일을 시작하기에 앞서 막막해지는 경험, 윗사람에게 횡설수설 보고하다가 지적을 받은 경험이 있다면, 이는 머릿속 청소가 필요하다는 증거다.

몇 년 전, 마케터로 근무할 때의 일이다. 입사한지 6개월 지난 시점에 인사를 담당하시는 부장님이 나를 부르셨다. 부장님은 반 년 동안 나의 태도와 성과를 바탕으로 연봉을 올리자고 하셨다. 사장님이 내린 지시였다. 나는 당황스러웠다. 이렇게 갑작스러운 재협상이라니? 나는 이날 하루 만에 연봉을 15퍼센트 인상했다. 이 이야기를 들은 주변 사람들은 물었다. "진짜야? 그게 어떻게 가능해?"

이런 일이 일어날 수 있었던 비결은 바로 '머릿속 청소'다. 나는 매일 아침 머릿속을 청소하고 정리했다. 모든 업무를 A부터 Z까지 나누어 생각의 지도를 만들었다. 하루를 시작하기 전에 내가 할 일과 남이 할 일, 그리고 같이 해야 할 일을 구분해놓았다. 마케터란 회사에서 지시하는 일을 처리하는 것 외에도 외부에서 들어오는 요청에 바로바로 응답해야 하는 무척이나 바쁜 직업이다. 하지만 나는 밀려들어오는 업무를 해결하면서도 새로운 프로젝트를 제안할 여유가 있었다. 이렇듯 머릿속을 청소하면 일상이 바뀐다. 과중해보이던 업무가 쉽고 가벼워진다.

머릿속을 정리하는 것은 일상뿐 아니라 인생을 바꾸기도 한다. 이미 회사에 다니고 있는 직장인조차 자신이 무슨 일을 하고 싶은지, 그걸 어떻게 해야 하는지 모르는 경우가 대부분이다. 취업 준비생도 마찬가지다. 자신의 꿈이 무엇인지도 모르고 회사를 고른다면, 그 사람은 자신의 일을 좋아할 수 있을까? 직장에 들어간 후에 프로젝트를 하나 진행하더라도 본인의 생각대로 밀고 나가는 것이 아니라 타인의 눈치를 보게 된다. 타인의 생각이 주체가 되어 일한다면 업무 만족도가 떨어지고 내가 원하던 일이 아니라는 생각을 품게 마련이다.

그러나 머릿속이 깔끔해지면 자신이 진정으로 원하는 일을 알 수 있게 된다. 단순하게 돈을 많이 버는 일을 떠나서 '나' 그리고 '사회'에 초점을 맞추게 되고 그로 인해 새로운 목표가 생긴다. 지금 하고 있는 일을 계속 해야 할지 아니면 새로운 일을 시작해야 할지 결심이 선다. 또한 하기 싫은 일을 해야 하는 순간이 오더라도 원하는 목표를 달성하기 위한 발판임을 깨닫고 버틸 수 있는 힘이 생긴다. 머릿속 청소는 인생을 내 뜻대로 풀어나가는 가장 큰 원동력이다.

마지막으로, 정리된 생각은 두려움을 없애준다. 다짐만 하고 행동하지 않는 사람들이 있다. 행동하기가 두렵기 때문이다. '결정장애'도 마찬가지다. 무언가를 쉽게 고르지 못하는 것은 마음속 깊은 곳에 '선택에 실패했을 때에 대한 두려움'이 깔려 있기 때문이다. 하지만 생각을 정리하면 실패란 다음 단계로 넘어가는 과정임을 느낄 수 있다. 또한 정리된 생각을 통해 일상과 인생을 변화시켰다면 나 자신을 신뢰하게 된다.

이는 역경과 고난 속에서도 버틸 수 있는 힘을 만들어준다. 결국 두려움은 사라지고 매번 작심삼일만 하던 내가 달라지는 모습을 목격하게 된다.

이 책에는 10년이 넘는 세월 동안 내가 살아오고 일해온 방식이 고스란히 담겨 있다. 또한 강사이자 생각코치로서 공부하고 교육한 내용을 모두 모았다. 재미있는 사실은, 머릿속을 청소하는 기술이 없었더라면 나 역시 이 책을 완성하지 못했을 것이라는 점이다. 그러니 이 책이야 말로 머릿속 청소가 가져온 결과물 중 하나인 셈이다.

또한 나를 믿어주는 사람들의 도움이 없었더라면 나는 일찌감치 포기했을지도 모른다. 2년이 넘는 시간 동안 서로의 꿈과 목표를 달성하기 위해서 함께 달려가고 있는 '수요꿈모임'의 손정호, 박용화, 김은숙, 이서연, 김민규 다섯 분의 강사님들이 보내준 신뢰가 지금의 나를 만들었다고 해도 과언이 아니다. 또한 올바른 길로 나아가자는 장한별 강사와 유연정 강사, 교육을 넘어 기획까지 나를 온전히 믿어주는 든든한 친구 아리랑스쿨의 문현우 대표와 정신적 스승인 에릭소니언 NLP 심리연구소 정귀수 대표, 그리고 내가 사랑하는 모든 사람들에게 감사를 전한다. 마지막으로 내 옆을 언제나 든든하게 지켜주는 그녀와 내가 중요한 문제를 고민하고 있을 때면 "어차피 네 마음대로 할 거잖아"라고 웃으며 믿고 사랑해주시는 어머니에게도 사랑과 감사를 전한다.

2022년 9월

김경록

차례

1장

버려야 할 생각, 보관해야 할 생각

다산 정약용은 '생각도구'의
중요성을 알고 있었다

'탁월한 머리보다 무딘 연필이 앞선다'

우리는 생각의 바다에 빠져 있다. 출근길에 마주친 다이어
트 식품 광고를 보며 '살 빼야지'라고 다짐하고, 사무실에 도
착해 상사가 지시한 업무를 훑어보며 '이걸 언제 다 끝내지?'
라고 스스로에게 묻는다. 건망증도 아닌데 중요한 일정을 깜
박 잊어버리기도 하며 두뇌에 과부하가 걸려 머리 회전이 멈
추기도 한다. 심리학자 샤드 햄스테더Shad Helmstetter 박사에
따르면 인간은 하루에 5만~6만 가지 생각을 떠올린다고 한

다. 그러나 사람의 머리는 무한한 능력을 가진 슈퍼컴퓨터가 아니다. 불필요한 생각이 쌓이면 사고 속도가 느려지고 때로는 오류가 발생하기도 한다.

어느 직장인의 일상을 들여다보자. 기획팀에 있는 김 대리에게 한 가지 걱정거리가 생겼다. 일주일 전에 입사한 신입 사원의 교육을 담당하고 있었는데, 막상 교육을 시작하려니 뭐부터 해야 할지 막막했기 때문이다. 거기에 당장 이번 주까지 제출해야 하는 보고서만 두 개였다. 이대로 있다가는 교육도 제대로 못하고, 보고서도 제대로 제출하지 못할 게 뻔했다. 예전에도 여러 가지 업무가 겹쳐 보고서 작성을 잘하지 못했던 적이 있었는데 그때 노 과장이 노발대발했던 기억에 스트레스가 훅 밀려왔다.

김 대리는 옆 팀의 이 대리가 부러웠다. 이 대리도 같은 상황에 놓여 있었다. 그도 신입의 교육을 담당하고 있었고, 보고해야 할 보고서도 여러 개 있는 게 분명했다. 하지만 표정에는 여유가 넘쳤고, 신입도 뭔가 분주하게 따르고 있는 것 같았다.

직장인이라면 누구나 이런 상황을 겪어보았을 것이다. 김 대리와 이 대리의 차이는 어디에서 오는가? 바로 생각정리다. 생각은 내가 해야 할 모든 행동의 지도가 된다. 생각의 지도를 가진 사람은 무슨 일이든 효율적으로 처리한다. 자신이 무엇을 해야 할지 확실히 알고 있기 때문에 자신감이 있다. 어딘가 돋보이고 일을 잘하는 사람에게는 생각을 정리하는 기술이 숨어 있을 경우가 많다. 생각을 정리하는 데 탁월한 사람에게는 두 가지 특징이 있다.

첫째, 도구를 활용한다는 것이다. 생각은 적지 않으면 망상에 불과하다. 그들은 자신이 사용하는 수첩이나 어플 등을 이용해서 어제 했던 일과 업무 진행 상황을 정리한다. 그리고 진행 상황에 맞춰 오늘 해야 하는 일을 적는다.

생각은 눈에 보이지 않기 때문에 어딘가에 기록하지 않으면 5분만 지나도 내가 무슨 생각을 했는지 기억하기 힘들다. 내가 할 일을 적어놓는 것만으로도 두뇌에는 그 생각에 대한 다음 생각을 펼칠 여유 공간이 생긴다. 독일 속담인 '탁월한 머리보다 무딘 연필이 앞선다' 역시 기록의 중요성을 강조하고 있다.

둘째, 생각정리에 능숙한 사람은 생각을 분류한다. 해야 할 일의 목록을 적는 것은 생각을 정리하는 첫 번째 과정이지 마지막 과정이 아니다. 생각을 체계적으로 정리하기 위해 우리에게는 '프레임워크'가 필요하다. 생각을 적어놓을 수첩이

눈에 보이는 도구라면 프레임워크는 눈에 보이지 않는 도구다. 나 자신에 대한 보고서를 작성한다고 가정해보자.

나에 대해서 생각나는 대로 적어보자.

· 맛집을 찾아다니는 걸 좋아한다.

· 독서를 좋아한다.

· 오랜 시간 집중하지 못한다.

· 경영대학원을 졸업했다.

· 사람 앞에 서서 이야기하는 걸 좋아한다.

· 전문 강사로 일하고 있다.

· 컴퓨터 활용 능력이 좋다.

· 여행 경험이 풍부하다.

· 운동을 좋아한다.

· 디지털 기계를 다루는 것을 좋아한다.

분류 기준 없이 생각나는 대로 적다보면 3~4개 적다가 생각이 막혀버린다. 다 적어놓은 것을 봐도 강점과 약점이 섞여 있어서 정리되어 있는 느낌이 들지 않는다. 이번에는 정리한 내용을 마케팅에서 사용하는 프레임워크인 'SWOT 분석'에 맞춰 다시 분류해보자. 기존보다 정리되어 보이며 한눈에 보기 좋다는 점을 느낄 것이다.

SWOT을 활용한 예시	
강점(S)	· 독서를 좋아한다. · 경영대학원을 졸업했다. · 전문 강사로 일하고 있다.
약점(W)	· 오랜 시간 집중하지 못한다.
기회(O)	· 사람 앞에 서서 이야기하는 걸 좋아한다. · 컴퓨터 활용 능력이 좋다.
위협(T)	· 전문 강사로 일하고 있다. (강점이자 동시에 위협 요소)

조선 시대에도 '엑셀'을 활용한 정약용

이렇듯 생각을 정리하는 데 있어서 '도구'의 중요성은 매우 크다. 이를 잘 활용한 인물이 있다. 바로 다산 정약용이다. 정약용은 조선 시대 최고의 학자로 유배 기간인 18년 동안 수백 권의 책을 썼다. 그는 어떻게 이 많은 일을 해낼 수 있었을까? 요즘처럼 디지털 기기가 발달하고 정보가 공유되어 있는 시기에도 책 한 권 쓰는 것은 상당히 어려운 일에 속한다. 하물며 조선 시대에는 모든 것을 손과 머리로 처리해야 했다. 정약용이 놀라운 업적을 이룰 수 있던 까닭은 바로 그의 생각정리 비결에 있다.

당시 임금이던 정조는 어느 날 아버지인 사도세자의 묘인 현륭원에 식목 사업을 진행하였다. 이 식목 사업은 7년간 8개 고을이 참여한 일이었다. 정조는 어느 고을이 가장 많은 나무를 심었는지 알고 싶었다. 하지만 고을에서 나무를 심을 때마다 제출한 문서를 전부 모으니 소가 끌기도 힘들어할 정도로 어마어마한 양이 되었다.

정조는 조선 최고의 학자라고 불리는 정약용을 불러 수많은 문서를 주고는 책 한 권 분량으로 정리하라고 지시했다. 다산은 이를 어떻게 할까 고민하다 도표를 만들기 시작했다.

A고을 1년 치						
	a나무	b나무	⋯	f나무	g나무	합계
1월	aaa그루	bbb그루	⋯	fff그루	ggg그루	xxxxxx
2월	aaa그루	bbb그루	⋯	fff그루	ggg그루	xxxxxx
⋯	⋯	⋯	⋯	⋯	⋯	⋯
12월	aaa그루	bbb그루	⋯	fff그루	ggg그루	xxxxxx
합계	xxxxxx	xxxxxx	⋯	xxxxxx	xxxxxx	xxxxxx

연도별로 총 7장씩 8개의 고을별 문서가 정리되었다. 이미 겨우 56장으로 정리가 끝났으나 다산은 이를 한 번 더 다듬었다.

모든 고을 7년 치						
	a고을	b고을	⋯	f고을	g고을	합계
1년차	aaaaaa	bbbbbb	⋯	ffffff	gggggg	xxxxxx
2년차	aaaaaa	bbbbbb	⋯	ffffff	gggggg	xxxxxx
⋯	⋯	⋯	⋯	⋯	⋯	⋯
7년차	aaaaaa	bbbbbb	⋯	ffffff	gggggg	xxxxxx
합계	aaaaaa	bbbbbb	⋯	ffffff	gggggg	xxxxxx

이렇게 분류 기준을 바꿈으로써 다산은 단 한 장에 모든 내용을 담았다. 사실 우리에게는 정약용이 만든 도표가 매우 익숙하게 보인다. 왜일까? 흔히 사용하고 있는 양식이기 때문이다. 엑셀 프로그램만 켜도 행과 열로 이루어진 표가 등장한다. 그러나 정약용은 이런 생각도구가 없던 시절에도 그 원리를 깨우치고 오로지 자신의 능력으로 분류 기준을 잡아내 시각화했다. 이뿐만이 아니라 정약용은 모든 작업을 이와 같은 방법으로 진행했다. 그런데 여기서 아주 중요한 점을 하나 깨달을 수

있다. 정민 교수가 쓴 《다산선생 지식경영법》을 살펴보자.

'그의 작업진행과 일처리 방식은 명쾌하고 통쾌하다. 먼저 필요에 기초하여 목표를 세운다. 관련 있는 자료를 취합한다. 명확하게 판단해서 효과적으로 분류한다. 분류된 자료를 통합된 체계 속에 재배열한다. 작업은 여럿이 역할을 분담하여 한 치의 착오도 없이 일사분란하게 진행되었다.'

정약용에게는 '명확한 목표'가 있었다. 목표를 세우지 않는다면 생각이 정리될 수 없다. 정조는 정약용에게 서류 정리를 부탁하면서 어떤 고을이 가장 많은 나무를 심었는지 알 수 있게 도와달라고 했으며, 한 권 분량으로 만들어달라고 구체적으로 말했다. 그에 따라 정약용은 각 고을별 자료를 취합하였으며 기준에 따라 분류했다. 그리고 1차로 분류된 자료를 재배열함으로써 모든 정보를 한 장에 담아낼 수 있었다.

직장에서 업무를 할 때도 마찬가지다. 보고서를 쓸 때도, 제안서를 작성할 때도, 신입사원 교육을 할 때도 명확한 목표를 가지고 있지 않는다면 어떤 결과가 벌어질까? 앞서 나온 김 대리 이야기처럼 스트레스만 받고 성과는 나지 않는 상황에 처할 것이다.

전두엽과 집행력이
0.1% 엘리트를 만든다

나는 나를 잘 알고 있다는 착각

EBS 〈다큐프라임〉에서 '교육대기획 학교란 무엇인가' 편을 방영한 바 있다. '8부 0.1퍼센트의 비밀'에서는 고등학교 상위 0.1퍼센트 학생의 비밀이 무엇인지 찾아내려고 시도했다. 제작진은 성균관대 교육학과 김현철 교수 팀과 함께 우리나라 전국 최상위 0.1퍼센트 학생에 대한 전수조사를 실시했다. 전국 164개 학교에서 0.1퍼센트에 해당하는 800명의 학생이 모였고 비교를 위해 일반 학생 700명이 함께했다.

0.1퍼센트 학생은 무엇이 특별했을까? 지능이었을까? 연구팀의 예상을 깨고 두 그룹은 별다른 차이점을 보이지 않았다. 아이큐도 비슷했고, 총 116개의 설문 문항을 통해 가정환경 등을 분석해봤으나 역시 특이 사항을 찾지 못했다.

연구팀은 한 가지 추가 조사를 진행했다. 학업 성취도와 기억력의 상관성을 알아보기 위해 25개의 단어를 외우는 테스트를 실시한 것이다. 0.1퍼센트 학생 다섯 명과 일반 학생 다섯 명에게 75초 동안 '연필, 못, 축구'처럼 연관성이 없는 단어의 나열을 무작위로 보여주었다. 시간이 종료된 뒤 실험 참가자는 본인이 기억하고 있다고 생각하는 단어의 개수를 적었다. 두 그룹의 학생이 예상한 숫자에는 큰 차이가 없는 듯했다. 그리고 3분의 시간이 주어졌다. 참가자는 기억나는 단어를 종이에 적기 시작했다. 결과는 어땠을까?

몇 개의 단어를 외웠는지는 0.1퍼센트의 학생과 일반 학생 사이에 거의 차이가 없었다. 그런데 자신이 기억하고 있다고 생각한 단어의 숫자와 실제로 기억한 단어의 숫자가 일치했을까? 일반 학생은 다섯 명 모두 예측에 실패했다. 그중 한 학생은 자신이 열 개의 단어를 맞출 수 있다고 예상했지만, 실제로는 네 개의 단어만을 기억하고 있었다. 그럼 0.1퍼센트의 학생은 어땠을까? 다섯 명 중 한 명을 제외한 나머지가 정확히 예측했다. 이는 무엇을 의미하고 있을까? 아주대 심리학과 김경일 교수는 이렇게 이야기한다.

> "이 두 집단의 차이는 기억력 자체의 차이가 아니라 '자기가 얼마만큼 할 수 있느냐'에 대한, 그것을 보는 안목의 차이라고 볼 수 있다."

결국 두 집단에서 기억력의 차이는 거의 없었다. 하지만 두 집단은 '자신이 아는 것과 모르는 것을 정확하게 인지한다는 점'에서 달랐다. 이를 심리학 용어로 '메타인지'라고 부른다.

공부 잘하는 학생들의 또 다른 비밀을 알아보자. KBS 프로그램 〈스펀지 2.0〉에서 서울대학교병원과 함께 공부 잘하는 법에 대한 특집 방송을 진행했다. 서울대학교병원의 신민섭 교수는 공부 잘하는 사람의 특징으로 '집행력'을 소개했다. 집행력이란 두뇌의 전두엽에서 담당하는 중요한 기능을 말한다. 이는 회사에서 CEO가 하는 역할이라고 볼 수 있다. 어떠한 결정을 내리거나 어떤 일을 처리할 때, 다양한 측면의 정보를 수집하여 조직화하고 체계적으로 일을 수행하는 능

'하노이의 탑' 게임

참가자의 집행력을 테스트할 수 있는 게임으로, 규칙에 따라 원판을 옮겨야 한다.

사진: Evanherk / Wikimedia Commons

력이다.

그럼 집행력이 좋지 않은 사람은 어떤 특징을 보일까? 첫째, 계획 없이 물건을 충동적으로 구매한다. 둘째, 물건을 살 때 분류된 물건을 찾지 못해 시간이 오래 걸린다. 셋째, 다이어트 계획을 세워도 번번이 실패한다. 넷째, 목표를 세워도 쉽게 포기하거나 애초에 달성하지 못할 목표를 세운다.

제작진은 집행력의 힘을 확인해보기 위해서 우등생 집단과 집행력이 부족한 집단을 구성하고 '하노이의 탑'이라는 테스트를 실시했다. 하노이의 탑은 집행력을 평가하거나 기를 수 있는 간단한 게임이다. 세 개의 기둥이 있고 그중 한 곳에 둘레가 서로 다른 여러 개의 원판이 가지런히 꽂혀 있다. 이 원판을 전부 다른 하나의 기둥으로 옮기면 게임은 종료된다. 단, 한 번에 하나의 원판만 이동해야 하며 크기가 큰 원판을 작은 원판 위에 올려서는 안 된다. 참가자는 원판을 옮기는 횟수가 최소한이 될 수 있도록 고민해야 한다.

우등생 집단은 이 게임을 최소 횟수에 맞춰 단번에 해결했다. 하지만 집행력이 부족한 집단은 최소 횟수를 훨씬 웃도는 횟수가 필요했다. 게임에서 좋은 결과를 얻지 못한 참가자에게 이 테스트를 어떻게 풀었는지 물으니 "막상 하다보니까 생각도 나지 않고 성격도 급해져서 마구 하게 되었다"는 답변이 돌아왔다. 하지만 우등생들은 "처음에는 헷갈렸는데 밑의 것 중 무엇을 빼야할지 떠올려보니 기계적으로 하게 되었다"거나 "처음에 막 시작하는 것보다 계획을 세우고 하는 게 중요하다"고 말했다.

이번에는 집행력 테스트에서 낮은 점수를 받은 학생과 일반인을 대상으로 2주 동안 트레이닝을 진행했다. 이들은 2주 만에 달라질 수 있을까? 하노이의 탑 게임을 잘하지 못하던 학생들은 2주의 트레이닝만으로 훨씬 향상된 모습을 보였다.

처음에는 테스트에서 100명 중 99등을 했던 어느 학생은 2주 간 트레이닝을 한 결과로 2차 테스트에서 100명 중 1등을 차 지했다. 그 학생은 하노이의 탑 게임 고난도 레벨을 풀며 "가 장 중요한 게 규칙 찾는 것과 계획하는 것 같다"고 말했다.

메타인지, 가능한 일과 불가능한 일을 구분하는 능력

결국 생각정리를 잘하는 사람의 첫 번째 특징은 높은 메타 인지 능력이다. 자신이 알고 있는 것과 모르는 것, 자신이 할 수 있는 일과 할 수 없는 일을 명확하게 구분하는 것이다. 생 각정리를 잘하는 사람의 두 번째 특징은 높은 집행력이다. 그 들은 무언가 일을 시작할 때 자신이 할 수 있는 일과 없는 일 을 구분한 뒤, 필요에 따라 달성할 수 있는 목표를 세우고, 자 신만의 패턴을 만들어 문제를 해결한다. 자신의 능력이 부족 하다는 것을 알고 있을 때 주변의 친구나 동료의 능력을 파악 해 그들의 힘으로 문제를 해결하는 능력도 탁월하다. 세 번째 는 자신이 현재 하고 있는 일에 온전히 집중할 수 있는 능력 이다. 첫 번째 EBS 실험에 참가한 0.1퍼센트의 학생들은 무엇 보다 집중하는 능력이 좋았다. 같은 시간을 앉아 있더라도 본인이 집중하지 못한다면 효율은 현저하게 차이나기 마련이다.

그럼 어떻게 한 가지 일에 집중하는 능력을 키우고, 메타인지 능력을 확장하고, 집행력을 높일 수 있을까? 먼저 한 가지 일에 집중하는 능력을 기르려면 어떻게 해야 하는지 살펴보자. 이미 성공한 사람들은 하루에도 엄청난 양의 일정을 소화한다. 특히 기업인들은 매일 수많은 미팅을 진행하고, 수없이 많은 잡다한 일을 처리한다. 하지만 그들은 미팅에 참석하거나 다른 사람과 이야기를 나눌 때 온전히 그 사람에게만 집중하는 경우가 많다. 반면 평범한 사람들은 다른 사람과의 대화 중에도 머릿속이 잡다한 생각으로 차 있는 경우가 많다.

성공한 사람들에게는 대부분 비서가 존재한다. 그들은 잡다한 일을 처리하는 것에 대해서 전부 비서에게 위임한다. 그리고 그들은 자신이 집중해야 할 일만 명확하게 생각하고 행동한다. 누군가와 이야기를 나누다가도 다음 장소로 이동해야 할 때가 오면 비서가 와서 그 사실을 알려준다. 그럼 본인은 이야기하는 동안 온전히 대화에만 집중할 수 있게 된다.

그렇다면 비서를 쓸 수 없는 우리는 어떻게 해야 하는 것일까? 우리는 모든 일을 명확하게 계획해서 미리 정해놓는 방법을 사용해야 한다. 하루를 무작정 시작해서는 안 된다. 하루를 시작하기 전에 미리 일정 및 동선을 파악하고, 내가 사용할 수 있는 시간을 구분해놓아야 한다. 그리고 시간 단위의 행동을 적는 것이 좋다. 가능하다면 휴대폰 알람을 이용하라. 만약 오전 업무를 처리하고 외근을 나가야 한다면, 오전 업무를 시작하기 전에 미리 알람을 맞춘다. 외근 나가기 10분 전에 알람을 설정해놓는 것이다. 그러고는 오전 업무를 처리할 동안 머릿속에서 외근에 대한 생각을 지우고 알람이 울릴 때까지 내가 해야 하는 일에만 집중한다.

비서를 쓰는 것은 비용이 많이 든다. 그렇기에 혼자서 자신의 일정을 컨트롤하기 위해서는 자신의 시간을 계속해서 계획하고 이 계획을 지킴으로써 한 가지 일에 집중하는 능력을 키워야 한다. 실제로 많은 사람이 한 가지 업무에 집중하기 위해서 '뽀모도로 테크닉pomodoro technique'을 사용하기도 한다. 뽀모도로 테크닉이란 파스타 면을 삶는 시간을 정해놓고 면을 삶듯이, 일을 할 때도 타이머를 이용하는 것으로 25분 동안 일하고 5분 동안 쉬는 패턴이다. 회사에서 이를 활용한다면 25분의 집중하는 시간에는 헤드셋을 써서 다른 사람이 자신의 집중을 방해하는 것을 막을 수 있다.

두 번째로 집행력을 높이기 위해서는 어떻게 해야 할까? 방송에서는 하노이의 탑 게임을 추천했다. 실험 결과처럼 하노이의 탑을 연습하는 것만으로도 집행력이 좋아지는 것을 확인할 수 있었다. 하노이의 탑은 핸드폰 어플을 이용하여 쉽게 연습할 수 있다.

체계적 일정 관리를 위한 간트 차트

실제로 업무를 하는 데 집행력을 높이고 싶다면 한 가지 일을 처리할 때 행동 단위를 작게 나눌 수 있는 데까지 나눠보는 방법이 있다. 두뇌는 무언가를 기억할 때 덩어리 형태로 기억한다. 그래야 더 많이 기억할 수 있기 때문인데 덩어리 형태로 기억하다 보면, 세부적인 실행 단계에서 계획 없이 진행하다가 꼬여버리는 경우가 많다. 예를 들어 두 달 뒤에 진행되는 행사가 있다면, 그에 필요한 모든 준비 과정을 세분화하여 간트 차트Gantt chart를 만들어보자. 간트 차트는 헨리 간트Henry Gantt에 의해서 고안되었고, 주로 공정을 관리하는 데 많이 활용되나 다른 모든 부분에 활용할 수 있다.

간트 차트를 활용한 예시

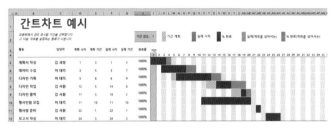

엑셀에서 기본적으로 제공하는 간트 차트 기능을 활용했다.

간트 차트를 만드는 게 처음에는 어렵다고 느낄 수 있다. 그럴 때는 처음부터 완벽한 간트 차트를 만들려고 하지 말고, 한 가지 일을 진행하는 데 필요한 모든 요소를 시간 순서대로 적은 뒤 분류하라. 각자의 업무가 다르듯이 간트 차트 또한 일과 사람에 따라서 다른 분류 기준이 필요하다. 이미 정해져 있는 분류 기준을 활용할 수도 있으나, 자신이 세세하게 항목을 나눌 줄 아는 능력을 키우는 것이 중요하다.

세 번째, 메타인지 능력을 키우기 위해서는 어떻게 해야 할까? 0.1 퍼센트의 학생들은 내가 아는 것을 확인하기 위해서 여러 가지 방법을 사용하고 있었다. 그중 한 가지는 틀린 문제에 대해서 반복적으로 확인해서 모르는 것을 알게 만드는 것이다. 이들은 복습의 중요성을 엄청나게 강조한다. 실제로 업무를 할 때도 내가 처리한 업무에 대해서 리뷰하거나 문제점을 분석하지 않는다면 똑같은 실수를 계속해서 반복하게 된다.

어떤 학생은 공부를 하다가 자신이 잘 이해되지 않는 부분이 있으면 다른 사람을 불러 앉혀놓고 1~2시간 동안 그 부분에 대해서 선생님이 된 듯 설명하기도 했다. 이러한 과정을 통해서 몰랐던 부분이 이해되고 기억에도 오래 남게 된다. 실제로 학습 효율성 피라미드에 따르면 가장 좋은 학습 방법은 서로 설명하는 것이었다. 다른 한 학생도 마찬가지로 야간 자율 학습 시간에 혼자 공부하지 않았다. 학급 친구들이 모르는 것을 자기에게 자유롭게 물어보면 이 학생은 즐겁게 대답했다. 자신의 공부를 방해 받는 것이 아니고 오히려 어려운 문제를 설명하면서 더 많은 공부를 하게 되고, 놓치고 있던 부분들을 확인할 수 있기 때문이다.

인지심리학자가 좋아하는 문구가 있다. '세상에는 두 가지 종류의 지식이 있다. 첫 번째는 내가 알고 있다는 느낌은 있는데 설명할 수 없는 지식이고, 두 번째는 내가 알고 있다는 느낌뿐만 아니라 남들에게 설명할 수도 있는 지식이다'라는 말이다.

기억에 오래 남는 인지 방법

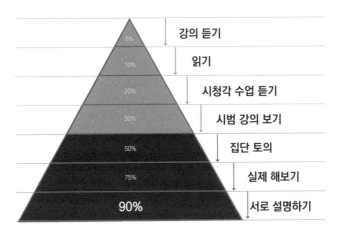

5%	강의 듣기
10%	읽기
20%	시청각 수업 듣기
30%	시범 강의 보기
50%	집단 토의
75%	실제 해보기
90%	서로 설명하기

출처: EBS 〈다큐프라임〉 '왜 우리는 대학에 가는가'

우리는 누군가에게 설명을 들을 때는 분명히 안다고 느꼈으나 막상 혼자서 실제로 해보려고 하니 어떻게 해야 할지 모르겠다는 느낌을 받은 경험이 있다. 실제로 어떤 교육을 들으러 가면 강의를 듣는 순간에는 '나도 할 수 있겠다' '별 거 아닌데?'라는 생각이 들지만 막상 혼자서 해보려면 쉽지 않은 것이다.

업무를 할 때 내가 할 수 있는 일인지 아닌지 구분하기 위해서는 인지 상태에서의 꾸준한 연습이 필요하다. 내가 오늘 아침에 세운 계획을 다 지킬 수 있었는지, 다 지키지 못했다면 무엇이 문제였는지를 확인하여 부족한 부분을 매일 확인하고 스스로 피드백해야 한다. 그래야 내가 할 수 있는 영역과 부족한 영역을 점차 구분할 수 있게 된다. 만약 어떠한 업무를 받았는데 이 일을 내가 할 수 있을지 바로 확인해야 한다면 바로 다음에 해야 할 행동 세 가지를 차례대로 글로 적어보자. 이것이 가능하다면 보통 해낼 수 있는 능력을 가지고 있다고 볼 수 있다.

생각정리를 잘하는 사람은 특별한 능력을 타고난 것이 아니다. 앞서 나온 김현철 교수 팀은 '공부에서 가장 중요한 세 가지'가 무엇인지 열여섯 개의 문항 가운데 선택하는 조사를 실시했다. 0.1퍼센트의 학생들이 뽑은 세 가지는 첫째로 부단한 노력, 둘째로 목표 의식, 셋째로 공부하는 습관이었다. 능력의 척도라고 불리는 아이큐는 아홉 번째 순위에 있었다. 내가 아는 것을 알고, 계획하며 패턴을 만드는 능력을 늘리기 위해 노력하면 누구나 생각정리를 잘할 수 있게 된다.

행동을 방해하는
마음속 짐

〈백종원의 골목식당〉을 보고 놀란 이유

최근 SBS에서 방영하는 〈백종원의 골목식당〉이라는 프로그램을 챙겨 보곤 한다. 출연자가 변화하는 과정이 참 매력적이었기 때문이다. 이 프로그램을 보기 전까지 나는 백종원 대표를 지식이 대단한 사람으로 생각했는데, 알고 보니 그는 지식을 넘어 '사람이 어떻게 변화하는지'를 경험적으로 너무 잘 알고 있는 전문가 중의 전문가였다.

많은 이슈를 불러온 '고로케집'을 떠올려보자. 여러 가지 상황 때문에 방송에서는 하차한 것으로 알고 있지만, 꼭 한 번 되짚어볼 만한 장면이 나온다. 고로케와 꽈배기를 만들어서 파는 이 가게는 좁다. 그런데 단품의 가격은 비싸다. 그리고 직접 만드는 고로케와 꽈배기는 제작에 시간이 오래 걸린다. 백종원 대표는 만드는 시간을 단축하고 가격을 낮추는 방법을 솔루션으로 제시한다. 그리고 시간을 단축하기 위해 많이 만들어보라는 미션을 준다.

이에 고로케집 사장은 하루 100~200개 정도의 완성품을 만들었고, 백종원 대표는 이 정도 가지고는 실력이 늘지 않을 거라고 말했다. 실제로 속도는 그다지 빨라지지 않았고 백종원 대표는 왜 더 많이 만들어보지 않았냐고 물었다. 그러자 사장은 각종 핑계를 대기 시작한다. '반죽을 많이 만들어도 둘 공간이 없다.' '반죽을 숙성시키는 데 시간이 오래 걸린다.' '너무 좁다.' '아무리 이미지 트레이닝을 해봐도 불가능하다.' 이렇게 핑계를 대며 자신이 변화하지 않는 것에 대한 이유를 만든다. 하지만 백종원 대표는 그냥 좀 해보라며 다그친다.

내게 이 에피소드가 인상 깊었던 이유는 무엇이었을까? 나는 생각코칭컴퍼니를 운영하며 생각코치로 활동 중이다. 생각코치라고 하면 생각을 잘하는 법이나 정리하는 법만 알려준다고 짐작할지 모른다. 그런데 모든 정리에는 꼭 필요한 과정이 있다. 바로 '버리기'다. 미니멀리즘이 떠오르며 집을 깔끔하게 꾸미는 법이 유행했다. 그런데 집 꾸미기 전문가들은 한결같이 '단장하는 것보다 버리는 것이 먼저'라고 말한다. 머릿속도 마찬가지다. 우리 머릿속에는 버려야 할 짐이 많다. 부정적인 감정이 대표적인 예다. '나는 안 될 거야'라는 생각은 나의 사고와 행동을 제약한다.

우리가 알아야 할 중요한 모델이 있다. 세계적인 행동 변화 전문가이자 NLP^{Neuro-Lingustic Programming, 행동 변화를 불러오기 위한 심리 기법} 트레이너인 로버트 딜츠^{Robert Dilts}의 '뉴로 로지컬 레벨^{neuro logical levels}'이 그것이다. 딜츠는 사람과 조직의 변화에도 논리적인 단계가 있다고 주장한다.

그에 따르면 레벨은 총 6단계로 이루어져 있다. 환경, 행동, 능력, 믿음, 아이덴티티^{정체성}, 영적 단계가 그것이다. 하위 레벨은 상위 레벨에 영향을 미친다. 어떠한 환경 속에서 있는지가 자신의 행동을 결정하고, 반복되는 행동이 자신의 능력을 결정한다. 그리고 능력이 쌓이고 반복됨에 따라 내가 믿는 믿음이 생긴다. 그 믿음이 뭉치면 내가 누구인가 하는 '아이덴티티'가 결정되고, 그것을 넘어서 더 큰 세계, 즉 타인을 위

로버트 딜츠의 '뉴로 로지컬 레벨'

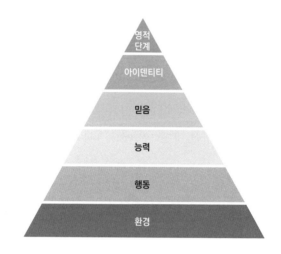

영적
단계

아이덴티티

믿음

능력

행동

환경

행동 변화 전문가인 로버트 딜츠는 사람과 조직이 변화하는 논리적 단계를 '뉴로 로지컬 레벨'이라고 정리했다.

한 봉사의 단계로써 영적 단계로 넘어가게 된다.

그런데 하위 레벨에서 상위 레벨로 가기 위해서는 오랜 시간이 필요하다. 이를 두고 '영향력이 미비하다'고 표현한다. 하지만 상위 레벨은 하위 레벨을 지배한다.

쉬운 예를 들어보자. 나는 학생이고 오늘은 시험 전날이다. 이제 공부를 해야 하는데 방에 들어갔더니 방이 매우 더럽다. 그럼 무엇부터 하고 싶어지는가? 보통 청소를 하고 싶어진다. 그래서 두 시간 동안 열심히 청소를 했다. 그리고 책상 앞에 앉았다. 이제 공부를 열심히 했을까? 대부분이 그렇지 않다. 공부를 열심히 할 것이었더라면 방이 더럽고 깨끗하고를 떠나 바로 책상 앞에 앉았을 것이다.

다시 〈백종원의 골목식당〉으로 돌아가보자. 백종원 대표는 사람이 어떻게 변화하는지 이미 알고 있다. 공부를 통해서인지 자신의 경험을 통해서인지는 모르겠지만, 아마도 수많은 경험 덕분에 본능적으로 알고 있는 것 같다. 고로케집 사장은 어느 단계에서 변명하고 있는가? 환경 영역이다. 이것은 이래서, 저것은 저래서 바꿀 수 없다고 말한다.

그런데 백종원 대표는 능력의 단계에서 이야기한다. 연습을 통해 능력을 갖추면 내 행동에 맞춰서 환경이 변한다는 것을 본능적으로 깨닫고 있는 것이다. 실제로 누군가의 믿음을 변화시키는 것은 너무나 어렵다. 심지어 자기 자신의 믿음을 변화시키는 것조차 절대 쉽지 않다.

홍탁집 아들의 신념을 바꾸다

이 프로그램에는 백종원 대표가 다른 사람의 믿음을 변화시키는 사례가 하나 더 등장한다. 프로그램을 즐겨봤던 사람이라면 '홍탁집'을 기억할 것이다. 보는 이들이 모두 안타까워했고, 과연 달라질 수 있을지 궁금해했다. 홍탁집은 주인공인 아들이 아니라 그의 어머니가 거의 혼자서 운영하고 있는 식당이었다. 아들이 도와준다고 하긴 했지만 말과 행동이 전혀 달랐다.

고로케집 사례와 달리 홍탁집은 음식 자체에 큰 문제가 없었다. 전체적인 환경은 행동을 바꾸기에 충분했던 것이다. 하지만 아들의 기술에 문제가 있었다. 아예 아무것도 할 줄 아는 것이 없었다. 백종원 대표는 이런 아들에게 어머니 없이도 운영을 할 수 있도록 연습을 권유했다. 아들은 너무나 흔쾌히 그러겠다고 대답했고 모두가 그를 믿었다.

그런데 아들의 행동은 말과 너무 달랐다. 말로는 열심히 하겠다며 자신감을 내비쳤지만 연습량은 턱없이 부족했다. 백종원 대표가 아무리 다그쳐도 쉽게 따르지 않았다. 기술이 문제가 아니었던 것이다. 고로케와 다르게 홍탁집이 선보인 메뉴는 큰 기술이 필요하지 않았다. 레시피만 있으면 누구나 할 수 있는 수준이었다. 연습을 통해 획기적으로 개선할 수 있는 영역이 적다는 뜻이다. 결국 문제는 그보다 상위 단계에 있었다.

뉴로 로지컬 레벨에 따르면 아이덴티티와 믿음의 영역은 기술의 영역보다 위에 자리하고 있다. 홍탁집 아들은 중간중간 자신이 이 일을 계속해야 하는지 고민하는 모습을 보였다. 홍탁집 아들의 내면에는 젊은 나이에 식당에서 일한다는 것이 걸렸던 것이다. 그는 이 일이 진심으로 하고 싶은 일인지 상당히 고민했을 것이라고 생각한다.

그리고 백종원 대표는 이 핵심을 간파했다. 그래서 '진심으로 이 일에 대해 고민할 것'을 권유했다. 어떻게 되었을까? 아들은 심사숙고 끝에 자신이 누구인가, 어떤 일을 해야 하는가에 대한 가치를 변화시키기로 마음먹었다. 그러자 행동이 달라지기 시작했다. 새벽에 일찍 나와서 식재료를 준비하고 약속한 대로 충분히 연습했다. 표정부터가 바뀐 걸 느낄 수 있었다. 백종원 대표는 그가 원래대로 돌아갈까 두려워 예전처럼 행동할 경우 손해배상을 하겠다는 각서까지 작성하게 했다.

홍탁집 아들의 사례에서 볼 수 있듯이 아이덴티티와 가치의 영역을 변화시키기란 매우 어렵다. 오랜 시간 또는 큰 자극이 필요하다. 변화했다고 느껴진다 한들 금방 제자리로 돌아가기 마련이다. 다행히도 홍탁집 아들에게는 많은 시청자의 관심과 방송이라는 부담, 자신을 믿어줬던 사람들에 대한 마음이 기폭제로 작용하여 나름 짧은 시간 안에 결과를 만들어낼 수 있었다.

고로케집이나 홍탁집 아들 같은 경우를 주위에서 흔히 볼 수 있다. 몇몇은 연습조차 해보지 않고 안 된다고 말하고, 할 수 있는 능력이 있음에도 불구하고 원하지 않는 일이라고 생각하여 수동적으로 행동한다. 직장에서도 학교에서도 자주 발생하는 문제다. 어떻게 하면 이런 문제를 해결할 수 있을까? 이 역시 머릿속 생각을 정리하는 데서 답을 찾아야 한다. 행동, 능력, 믿음 그리고 아이덴티티를 바꾸려면 나 자신에 대해 깨달아야 한다. 내가 무엇을 원하는지 생각을 정리하고, 변화를 위해 지금 당장 실천할 일이 무엇인지 목록을 만들어야 한다. 생각은 정말로 무궁한 힘을 가지고 있는 것이다.

부정적 생각이라는
쓰레기 버리기

마음이 만들어낸 '방해꾼'

매일 살아가면서 '안 된다'는 이야기를 몇 번이나 하고 있을까? 주변을 둘러보면 생각보다 많은 사람들이 무의식적으로 "이건 안 돼" "이건 불가능 해" "이건 내가 할 일이 아니야"라고 말하는 것을 들을 수 있다. 나도 마음의 여유가 없거나 불안한 상황에 놓이면 우선 부정적인 말을 먼저 꺼내놓고는 한다.

1인 기업가가 되어 자기계발 강사로 나선 뒤로는 스스로 일을 만들어내야 하는 경우가 대부분이었다. 내가 일하지 않으면 아무런 수익도 만들어지지 않기 때문에 프리랜서들은 밤낮도, 주말의 구분도 사라지고는 한다. 그렇기에 매 순간 부담을 느끼고 있다. 매번 '열심히 해야지'라고 마음을 먹지만 돌아서면 눕고 싶고, 아무 일도하기 싫어지는 순간과 마주하기를 수백 번도 더하는 것 같다. 이럴 때면 마음속에는 부정적인 생각이 계속해서 떠오른다. 부정적인 생각은 부정적인 감정과 이어지고, 결국에는 무기력이 악순환되는 고리에 빠져들어버린다.

내가 느끼는 부정적인 감정이 정말 사실에 근거해서 발생한 것일까? 평온한 일요일 오후, 인적이 드문 호숫가에서 휴가를 즐기고 있는 나의 모습을 떠올려보자. 석양을 바라보며 나룻배를 띄워놓고 행복한 시간을 보내고 있던 중, 갑자기 내 뒤에서 무언가가 '쿵' 하면서 배에 부딪혔다. 이때 나의 머릿속에는 무슨 생각이 떠올랐을까? 보통 다른 사람이 배를 타고 오다가 내 배에 부딪혔다는 생각을 하며 뒤를 돌아볼 것이다. 동시에 화를 버럭 낼 것이다.

하지만 뒤를 돌아봤는데 아무도 없다. 아래를 바라보니 커다란 나뭇가지가 떠내려 오다 배에 부딪힌 상황이었다. 나는 멋쩍게 웃으며 아무 일도 없었다는 듯이 평온한 상태로 돌아온다. 내가 화난 이유는 무엇일까? 행복한 시간을 보내고 있는 나를 누군가가 고의로 또는 실수로 방해한다는 상상이 먼저 떠올랐던 것이다. 하지만 그건 상상이었고 아무도 나를 괴롭히려고 한 사람은 없다.

이번에는 실제로 경험했던 일이다. 어느 일요일 오전이었다. 해야 할 일이 너무 많아 아침부터 책과 씨름하며 작업을 하고 있었다. 오전 10시쯤 갑자기 시끄러운 공사 소리가 들렸다. 공동으로 사용하는 아파트다보니 어쩔 수 없다고 생각했다. 그래도 모두가 집에서 쉬고 있는 일요일 아침에 공사라니…. 최대한 빨리 작업을 끝내겠거니 하며 참았다. 하지만 소리는 점점 더 커졌고, 두 시간이 지나도 끝날 기미가 없어 보였다. 나는 점점 화가 났다. 이건 좀 너무 하다 싶었다.

결국 인터폰으로 경비실에 연락했다. 일요일인데 이래도 되는 거냐고 따지듯이 물었다. 그런데 돌아온 대답에 화가 난 감정은 사라질 수밖에 없었다. 이미 많은 사람들이 경비실에 연락을 해 상황을 물어봤었고, 원인은 4층의 한 가정에서 수도관이 터져 긴급히 공사를 하고 있다는 것이었다. 내 모든 화는 부끄러움으로 변했다. 결국 내 마음속의 부정적인 감정은 누군가가 고의로 나에게 피해를 주고 있다는 믿음, 신념에서 생겨나는 것이었다.

마음을 정리하기 위해서는 첫 번째로 내 감정을 다스릴 수 있어야 한다. 내 기분이 좋다면 뭐든지 할 수 있을 것만 같은 생각이 든다. 하지만 우울한 상태에 있다면 아무 일도 할 수 없을 것만 같다. 내가 지금 느끼고 있는 감정이 과연 내가 상상 속에서 만들어낸 이유 때문에 생겨난 감정이 아닌지 생각해보자. 순간적으로는 엄청나게 화가 났지만, 지나고 보면 아무 일도 아니어서 화낸 게 멋쩍은 순간도 여러 번 있다. 감정을 다스리기 위해서는 어떻게 해야 할까?

아무 일도하기 싫고, 우울한 생각이 든다면 우선 밖으로 나가자. 허리를 꼿꼿이 세우고 어깨를 펴자. 그리고 하늘을 보고, 크게 숨을 들이마셔보자. 내 자세를 바꾸는 것만으로도 기분이 상쾌해진다. 부정적인 감정 상태에 있는 사람은 어떤 모습을 하고 있는지 생각해보자. 보통 시선은 땅을 보고 있고, 어깨는 굽어 있다. 몸은 힘 없이 축 쳐져 있다. 부정적인 자세를 취하고 있으면 부정적인 생각이 드는 것은 당연한 일이다.

나는 담배를 피우지 않는다. 하지만 사무실에서 근무할

때, 흡연을 하는 동료에게 담배 피우러 가자는 요청을 하고는 했다. 옥상에 올라가서 하늘을 한 번 보는 것만으로 감정을 관리하는 데 도움이 되었기 때문이다. 일을 하다가 스트레스를 너무 많이 받는다면 꼭 밖으로 나가지 않더라도 내가 취하고 있는 자세를 바꿔보자. 순식간에 기분이 달라지는 것을 느낄 수 있을 것이다.

그러나 감정을 관리하기 위해서 자세와 환경을 바꾸는 것은 일시적인 처방이다. 쉽게 할 수 있는 만큼 다시 부정적인 감정으로 돌아가는 것 역시 빠르다. 본질적으로 감정을 관리하기 위해서는 현재 상황을 다르게 바라볼 필요가 있다.

한 남자가 있었다. 이 남자는 폭행, 불법 약물 투약, 절도 등 다양한 범죄로 교도소에 수감되어 있었다. 각종 문제에 연루되어 있었기에 평생을 범죄자로 살아갔다. 이 남자에게는 두 명의 아들이 있었다. 이 아이들이 성인이 되었을 때 어떤 삶을 살게 되었을까? 한 명은 아버지와 마찬가지로 온갖 범죄를 저지르고 있었다. 하지만 다른 한 명은 정반대로 좋은 학교를 졸업하고 좋은 직장에 다니고 있었으며, 행복한 가정을 이루고 있었다. 이 둘에게 '어떻게 이런 인생을 살게 되었습니까?'라고 물어봤다. 둘의 대답은 똑같았다. "나의 아버지를 보면서 자랐는데 어떻게 이렇게 살지 않을 수 있겠습니까?"

같은 사건을 보고도 다르게 생각하고 판단한다. 회사에서 직장 상사가 자신에게 업무에 대한 피드백을 주더라도 누군가는 그냥 쓸모없는 잔소리라고 생각하고, 누군가는 자신에게 도움이 되는 피드백이라고 생각한다. 의도적으로 상황에 대하여 긍정적인 해석을 하려는 노력은 도움이 된다. 하지만 마음속에서 떠오르는 부정적인 감정을 무조건 억누른다면 그 또한 감정적 문제로 불거질 수 있다. 어떠한 문제에 대해서 내가 부정적인 감정을 느끼고 있다면, 그 감정이 생길 때 차분히 앉아서 '내가 지금 부정적인 감정을 느끼는 이유가 무엇일까?'라고 질문해보자. 대부분의 상황은 일어나지도 않은 상황에 대해 상상으로 부정적인 감정을 느낀 것일 것이다. 부정적 감정을 무조건 억누르려고 하지 말고 그 상황을 객관적으로 판단해보라. 이것이 내가 정말 화가 날 만한 상황인지, 우울할 근거가 있는지 찾아보고 그렇지 않다는 사실을 알게 되면 감정은 무슨 일이 있었냐는 듯이 평온함을 찾게 된다.

만약 객관적으로 상황을 바라보기 힘들다면 같은 상황에서 다른 결과를 만들고 있는 사람을 생각해보자. 내 생각이

고착되어버린 이유가 뭘까? 똑같은 상황에서 경험하는 사실에 대한 의미를 부여할 때 계속해서 같은 의미를 부여했기 때문이다. A라는 상황이 발생하면 그 결과는 B나 C, 혹은 D가 될 수도 있다. 그런데 나에게는 A라는 상황이 언제나 B라는 결과로 고착되어 버렸다. A라는 상황이 불러올 결과에 대해서 C 또는 D로 해석하는 사람과 이야기를 나누면 충분히 다른 결과가 나올 수 있다는 사실을 인지할 수 있다. 그러면 감정을 다루는 데 있어 한결 수월해진다.

우울한 감정을 다스리는 5가지 방법

감정을 관리하기 위해서는 꾸준한 노력으로 강한 마음의 근력을 기르는 것이 중요하다. 어떻게 하면 우울한 마음에서 벗어나서 행복한 마음을 강하게 할 수 있을지 다섯 가지 방법을 소개한다.

첫째, 일기 쓰기다. 일기를 통해 자신을 바라보는 방법은 자신의 인생을 새로운 관점에서 바라보게 해주기 때문에 감정 조절에 도움이 된다. 일기 쓰기와 관련해 미주리대 심리학과 로라 킹Laura King 교수는 실험 참가자들에게 미래의 희망과 꿈에 대해서 쓰는 '최고의 자화상'이라는 실습 과제를 내줬다. 참가자들은 하루 20분씩 나흘 동안 모든 일이 최대한 잘 풀리고 바라던 목표가 모두 달성될 경우 자기 미래가 어떻게 될지 써보라는 지시를 받았다. 이 과제를 마친 참가자들은 전보다 훨씬 행복해졌을 뿐만 아니라 그 긍정적인 효과가 몇 주 동안 지속되었다. 일기를 쓰는 방법은 중요하지 않다. 아날로그 노트를 활용하거나, 디지털 도구를 이용해도 상관없다.

둘째, 감사 표현이다. 누군가에게 감사의 말을 전하거나 자기 자신에 대한 감사의 말을 적는 것만으로도 우울한 기분과 불안감을 덜어주며 이는 우리를 행복하게 만드는 효과를 가지고 있다. 긍정 심리학의 대부 마틴 셀리그만Martin Seligman 은 감사함을 느끼는 일과 그 일이 자신에게 일어난 이유를 적음으로써 감사하는 마음을 오래 유지할 수 있다는 사실을 알아냈다. 내 마음이 우울함으로 빠져들려고 하면 의도적으로 감사한 상황 또는 감사했던 사람을 떠올려보자. 의도적으로 매일 아침 감사 일기로 하루를 시작하면 하루 종일 행복한 상황에서 지낼 수 있을 것이다.

셋째, 운동 역시 큰 도움이 된다. 규칙적으로 하는 운동은 긴장감과 불안, 우울한 기분을 해소해준다. 옥스퍼드 대학교

마이클 아가일Michael Argyle 교수에 따르면, 운동이 여러 가지 면에서 우리를 행복하게 해준다고 한다. 운동을 꾸준히 하는 사람은 "너무 피곤해서" 혹은 "너무 바빠서" 운동할 시간이 없다고 호소하는 사람보다 자신감이 넘치고 행복하며 기운이 솟는다. 장거리 달리기 선수들을 대상으로 진행한 연구에서는 러너스 하이runner's high, 운동을 통해 느끼는 행복감가 실제로 존재한다고 밝혀졌다. 뮌헨 공과대학의 헤닝 뵈커Henning Boecker 박사는 장거리 달리기 선수들을 대상으로 훈련 전후 심리 감정 테스트를 실시하고 뇌를 단층 촬영해서 달리는 동안 발생된 화학적 변화를 관찰했다. 실제 달리기를 마친 선수들의 뇌에는 다량의 엔도르핀이 분비되었다. 더 강력한 도취감을 느낀다고 말한 선수일수록 뇌에서 더 많은 엔도르핀이 분비되었다. 싫어하는 운동을 억지로 할 필요는 없다. 나에게 맞는, 재미있는 운동을 찾아서 하면 된다. 밖으로 나가서 꾸준히 할 수 있는 운동을 찾아보자.

넷째, 행복한 기억을 떠올려보자. 우울한 감정에 빠져들게 되거나 화가 난다면 행복한 기억을 떠올리는 것만으로 기분 좋은 감정을 불러올 수 있다. 갑자기 행복한 기억을 떠올리기는 쉽지 않다. 그럴 때는 나만의 '행복 물건'을 만들자. 여행을 가서 기념품을 사오는 이유는 그 곳에서 경험했던 행복한 감정을 저장하기 위함이다. 그렇다면 내가 행복한 순간을 기억하고, 그 기억과 연결시킬 수 있는 물건을 보면서 그 감정을 대입시켜보자. 언제나 지닐 수 있는 물건이면 더 좋다. 사진도 좋고, 책도 좋다. 자신만의 특별한 물건이어도 괜찮다. 지갑에 언제나 넣어 다닐 수 있는 물건이라면 중간에 한 번씩 꺼내어 그 행복한 감정을 떠올려보자.

다섯째, 명상을 해보자. 성공을 이룬 많은 사람들은 하나같이 '명상'의 효과를 극찬한다. 실제로 노스캐롤라이나 주립대학교 심리학과의 바바라 프레드릭슨barbara fredrickson 교수는 매일 20분씩 명상을 수련할 경우 얻을 수 있는 효과를 연구했다. 연구에 참여해 8주 동안 명상 수련을 한 참가자들은 행복과 건강, 관계의 질, 공감 능력, 회복력 등에서 큰 변화를 겪었다. 명상을 처음 시작하면 2분도 견디기 힘들다. 처음에는 다른 누군가의 도움을 받는 것이 효과적이다. 유튜브에서 '유도 명상'을 찾아봐도 좋고, 명상과 관련된 어플을 이용해 명상을 경험하는 것도 효과적이다. 명상에는 다양한 종류가 있지만 어떤 명상을 하든 상관없다. 명상을 하는 행위 자체가 중요하다. 나와 잘 맞는 명상을 찾아서 꾸준히 시도해보자.

진짜 나를 찾아가기 위한 '마음의 지도'

결정의 순간마다 불안했던 이유

마음을 정리하기 위해서는 부정적 감정을 다스려야 한다고 말했다. 하지만 그때그때의 감정에만 대처할 수는 없는 법. 이번에는 더욱 본격적인 방법을 찾아보자. 마음정리를 위한 두 번째 방법은 내 인생의 방향성과 목표를 설정하는 것이다. 큰 틀에서의 목표가 잡히면 내가 하는 행동을 결정할 때 매번 고민할 필요가 없어진다. 내가 하는 행동의 기준이 설정되어 있는 것이다.

어떻게 하면 내 마음의 지도를 만들 수 있을까? 마음의 지도를 만들기 위한 첫 번째는 내가 중요하게 생각하는 가치를 구분하는 것이다. 사람마다 중요하게 생각하는 가치는 모두 다르다. 누구에겐 자신의 행복보다 가족의 행복이 더 큰 만족감을 줄 수 있다. 누군가는 안정된 삶보다, 열정적으로 도전하는 삶을 추구할 수 있다. 반대로 안정을 추구하는 사람이라면 열정적으로 사는 사람을 이해하기 힘들지 모른다. 자신이 중요하게 생각하는 가치를 파악하지 못했다면 어떤 결정을 내려야 할 때 혼란스러워진다. 내 가치를 찾으려면 어떻게 해야 할까?

내가 중요하게 생각하는 가치를 찾기 위해서는 가치가 무엇인지 알아야 한다. 어떤 것에 가치를 둔다는 것은 그것을 중요하게 여긴다는 뜻이다. 결국 우리가 아끼는 모든 것은 '가치'라고 부를 수 있다. 물론 여기서 집중해야 할 부분은 인생에서 가장 중요하게 생각하는 것이 무엇인지다.

가치는 목적으로서의 가치ends values와 수단으로서의 가치 means values 두 가지로 구분이 가능하다. 이 두 가지를 구분하지 못하기 때문에 자신이 원하는 걸 정확하게 알지 못한다. 내가 진정으로 좋아하는 것이 무엇인지 모르고 살아가고 있는 것이다.

누군가 당신에게 "가장 가치 있게 생각하는 것이 무엇입니까?"라고 물었을 때 "사랑, 가족, 돈입니다"라고 대답했다고 가정하자. 이 중에서 무엇이 목적으로서의 가치이고 수단으로서의 가치일까? 목적으로서의 가치는 '사랑' 한 가지다. 사랑은 우리가 추구하는 최종 단계를 이야기한다. 그럼 가족과 돈은 어째서 수단으로서의 가치일까? "가족은 당신에게 무엇을 줍니까?"라고 다시 물어보면 "사랑, 안정감, 행복을 줍니다"라는 대답을 할 수 있기 때문이다. 결국 당신에게 가장 가치 있는 것은 사랑, 안정, 행복인 것이다. 돈 또한 마찬가지다. 돈이 줄 수 있는 것에는 자유, 영향력, 남을 도와줄 수 있는 능력, 안정감 등이 있다. 결국 수단으로서의 가치는 내가 진정 원하는 것을 위한 '도구'로 사용되는 것이다.

가장 중요한 가치가 배려와 봉사인 사람이 있었다. 그는 사회 발전에 공헌하고 자기 일을 통해 사람들을 도와주는 한 변호사를 보고 감명받았다. 그는 엄청난 노력을 통해 변호사가 되었다. 열정적으로 사람들을 변호하던 그는 성장하여 큰 법무법인의 파트너가 되었고, 시간이 지나니 회사를 주도하는 자리에 올라갔다. 남들이 보기에는 성공한 인생을 사는 인물로 보였지만, 본인 스스로는 우울감이 밀려왔다. 높은 자리에 올라오니 직접 고객을 만나 도움을 주는 일은 줄어들고,

회사와 조직을 관리하는 일을 맡으면서 문제 해결에 쏟는 시간이 많아지고 있었기 때문이다. 자신이 원하는 가치와 맞지 않는 일을 하다 보니 성공과 상관없이 우울함을 느끼게 된 것이다. 내 인생의 방향성을 정하기 위해서는 내가 살고 싶은 모습의 가치를 알아야 한다. 다음 표에 당신이 중요하다고 생각하는 가치를 적어보자.

당신의 인생에서 가장 중요한 가치
1.
2.
3.
4.
5.
6.

7.

8.

9.

10.

생각보다 적기 쉽지 않을 것이다. 한 번에 적으려고 하지 않아도 된다. 차분히 고민하고 내가 진심으로 원하는 게 어떤 것일지 생각해보자. 수단으로서의 가치보다는 목적으로서의 가치를 찾아내 적는 것이 더 좋다. 내가 중요하게 생각하는 가치는 내 상황에 따라서 달라지거나 의도적으로 변화시킬 수도 있다. 꼭 진지하게 생각해보자.

내가 중요하게 생각하는 가치를 정리했다면, 이제는 인생의 큰 방향성을 잡아야 한다. 가치를 기반으로 내 인생의 지도를 만든다면 처음 가보는 길을 내비게이션의 도움을 받고 가는 것과 같다고 할 수 있다. 결국 마음이 정리되는 것은 내가 해야 할 일과, 하고 싶은 일을 명확하게 파악하는 데서 시작되기 때문이다. 이제부터 인생에서 중요한 일곱 가지의 분야에 대해서 자신의 목표를 적어볼 차례다. 그 전에 몇 가지 주의 사항을 읽고 시작해보자.

1. 생각정리의 기본 원칙 중 한 가지는 직접 적어보는 것이다. 절대로 생각만 하지 마라.

성공한 사람들이 자신의 목표를 쓴 작은 메모지를 지갑에 넣고 다닌다는 말을 들어본 적이 있을 것이다. 작은 메모가 내 마음속 의지보다 강한 힘을 발휘하기도 한다. 작심삼일로 매번 끝나는 것은 명확하게 적지 않았기 때문이다.

2. '이건 현실적으로 불가능해'라는 생각은 잠시 내려두자.

나 자신이 게임 속에 있다고 상상해보자. 나에게 원하는 능력은 뭐든지 있고, 필요한 것도 뭐든 가지고 있다. 그런 내가 정말로 원하는 것은 무엇인지 생각해보자. '현실적'이나 '불가능'이라는 말을 쓰면 지금과 아무것도 달라지는 것이 없게 된다. 지금 가지고 있는 기술, 남들의 시선, 가능성에 대해서 판단하지 말자. 목표를 적는다고 해서 무조건 그 목표를 이뤄야 하는 것은 아니다. 실제로 발생되지도 않은 미래에 대한 두려움 때문에 적는 것을 주저하지 말자.

3. 크게 생각하자.

나의 인생에서 성공이 보장된다면 무엇이 하고 싶은가? 큰 꿈을 이루기 위해서는 포기해야 하는 것이 많다. 혹시 불가능하다고 생각해서 그냥 포기했던 일들이 있다면 부담 갖지 말고 적어보자. 당신이 생각만 해도 가슴이 뛰는 꿈은 무엇인가? 목표와 꿈이 작으면 그에 걸맞은 결과만 얻을 수 있다. 요한 볼프강 폰 괴테Johann Wolfgang von Goethe는 다음과 같이 이야기했다. "작은 꿈은 꾸지 말라. 그런 꿈은 사람의 마음을 움직일 힘이 없다."

4. 긍정적으로 생각하자.

목표를 세우다보면 문제를 해결하기 위해 부정적인 상황에 초점이 맞춰지곤 한다. 그것보다 긍정적인 상황에 더 초점을 맞출 수 있도록 하는 것이 좋다. 90킬로그램의 남성이 80킬로그램으로 체중을 줄이고 싶다면 '10킬로그램을 감량 할 거야!'보다 '언제까지 80킬로그램이 될 거야!'라고 하는 것이 좋다. 직장 생활에 문제가 있다면 '직장 생활의 문제를 해결할 거야'보다 '행복한 직장생활을 할 거야'라고 적는 것이 긍정성을 유지하는 데 도움을 준다.

5. 다른 사람의 목표가 아닌 나의 목표를 만들자.

목표를 적다보면 내가 진정으로 하고 싶은 일이 아니라 해야만 하는 일을 적게 되는 경우도 빈번하다. 가족, 친구, 동료 또는 사회적인 잣대가 만들어놓은 기준은 잠시 내려두자. 위에서 확인했던 내가 정말 원하는 가치에 따라서 나만의 목표를 만드는 게 가장 중요하다.

이제 주의사항을 기억하면서 인생에서 중요한 일곱 가지 분야별 목표를 적어보자. 항목별로 나눠서 생각해보면 내가 어떤 것들을 원하고 있는지 더 자세히 생각해볼 수 있다.

다시 한 번 말하지만 목표를 적는다고 해서 어떠한 문제도 생기지 않는다. 생각나는 대로 칸을 채우는 것이 우선이다. 또한 목표를 적다가 주의사항을 무시하면 안 된다. 마지막에 목표를 현실에 맞게 조율할 기회가 있으니 우선은 마음 한쪽에 생겨나는 머뭇거림을 잠시 내려두자. 생각이 떠오르지 않는다면 항목 아래에 있는 '시작하는 질문'을 이용해서 생각해보자.

경제적인 부분 FI, financial

`시작하는 질문` 5년 동안 벌고 싶은 금액이 얼마인가? 10년 뒤에 어떤 곳에서 살고 싶은가? 가지고 싶은 차가 있는가? 갚아야 할 빚이 있는가?

1.	4.
2.	5.
3.	6.

육체적인 부분 PH, physical

`시작하는 질문` 이상적인 몸무게는 얼마라고 생각하는가? 마라톤 완주나 유연성을 기르는 일에 관심 있는가? 체력을 늘리고 싶은가? 외모를 가꾸는 일은 어떨까? 일찍 일어나는 것에 도전해볼까?

1.	4.
2.	5.
3.	6.

자기 계발 PD, personal development

시작하는 질문 하루에 30분씩 독서를 해보면 어떨까? 새로운 학위를 얻거나 기술을 배워볼까? 모르는 언어를 익히거나 전문 분야의 자격증을 취득할 수도 있을 것이다.

1.	4.
2.	5.
3.	6.

가족 FA, family

시작하는 질문 가족과 더 많은 시간을 보내면 어떨까? 가족과 여행을 가는 일도 좋고, 자녀가 있다면 함께 야외 활동에 도전해볼 수도 있다. 부모님과 영화를 보는 일도 멋지다. 부모님께서 먼 곳에 살고 계시다면 한 달에 한 번 이상 방문하기를 목표로 삼을 수도 있다.

1.	4.
2.	5.
3.	6.

마음 SP, spiritual

시작하는 질문 종교나 신앙에 대해서 공부해보고 싶은 적이
있었는가? 봉사 활동을 알아봐도 좋다. 관련 도서를 읽고 철
학과 같은 인문학 공부를 시작할 수도 있다.

1.   4.

2.   5.

3.   6.

인간관계 SO, social

시작하는 질문 소중한 사람들에게 선물을 보내면 어떨까? 친
한 친구들과 정기적인 시간을 가지고 있는지도 점검해보자.
새로운 인간관계를 만들거나 새로운 모임에 참석해볼 수도
있다. 중요하지 않은 관계를 정리하고 타인에게 기억되는 나
에 대해서 고민해보는 일도 가능하다.

1.   4.

2.   5.

3.   6.

커리어BC, business and career

시작하는 질문 앞에서 고민한 여섯 가지 영역을 고려했을 때, 내가 원하는 일은 무엇인가? 하고 싶은 프로젝트가 있는가? 만들고 싶은 브랜드가 있는가? 현재 다니고 있는 회사에서 이루고 싶은 업적, 평생 하고 싶은 일, 만들고 싶은 커리어, 본받고 싶은 멘토가 있는가?

1.	4.
2.	5.
3.	6.

총 일곱 가지의 요소를 가지고 당신이 원하는 것들에 대해서 생각해봤다. 아직 적어보지 않았더라면 추후에 충분한 시간을 가지고 적어보기를 추천한다.

이제 다음 단계로 넘어가보자. 요소별로 여섯 개씩 총 마흔두 개의 목표가 생겼다. 그중에 가장 중요한 열 가지를 뽑아보자.

가장 중요한 열 가지 목표

목표를 적을 때 항목 부분에 이 목표가 어떠한 요소[FI, PH, PD, FA, SP, SO, BC]에 속하는지 같이 적자. 목표는 그대로 작성하되 언제까지 이룰 것인지 달성 마감 기한을 정해보자.

항목	목표	달성 마감 기한

이제 최종 두 단계가 남았다. 열 개의 목표를 골랐다면 그 목표들을 알맞은 기준에 따라 적합하게 수정해야 할 차례다. 현재 목표는 아무런 제약 없이 쓰여 있다. 이 목표를 정말로 이룰 수 있도록 다섯 개의 기준에 맞춰서 다시 적어보자.

SMART 목표 설정법

S specific 구체적으로 — 목표를 구체적으로 정해야 하는 이유는 무엇일까? 정확하게 정의되어 있는 목표가 더 강력한 힘을 발휘하기 때문이다. 누가 보더라도 한 번에 이해할 수 있도록 수정하자.

예 영어 공부를 하겠다. → 토익에서 900점을 받겠다.

M measurable 측정 가능하게 — 목표는 정량적으로 측정 가능하게 설정해야 한다. 그래야 진행 사항을 주기적으로 확인할 때, 목표를 달성할 수 있도록 꾸준히 노력하게 된다. 또한 측정 가능한 목표는 목표를 세분화할 수 있어 작은 성공을 경험하여 포기하지 않도록 한다.

예 다이어트를 하겠다. → 10킬로그램을 감량하고 체지방률을 13퍼센트까지 낮추겠다.

예 몸짱이 되겠다. → 10킬로미터를 1시간 안에 뛸 수 있는 체력을 만들겠다.

A attainable^{이룰 수 있는} — 내가 적은 목표를 보면서 '이걸 다 이룰 수 있을까?'라고 생각했을지 모른다. 그럼 이제 그 목표를 실제로 내가 이룰 수 있는 목표로 바꿀 차례다. 높은 목표는 우리가 노력할 수 있도록 만들어주지만, 너무 황당한 목표는 오히려 노력하고 싶은 의욕을 없애버린다. 열 개의 목표를 다 달성하면 또 새로운 목표가 생겨나고, 그 다음 단계가 생겨난다. 최종 목표를 보며 6개월에서 1년 안에 이룰 수 있는 목표로 수정해보자. 목표를 바꾸는 것이 아니다. 너무 큰 목표는 작게 나누고, 너무 쉬운 목표는 이 목표를 이루려고 하는 이유에 대해서 다시 한 번 생각해보는 것이다.

R relevant^{나와 관계있는} — 작성한 목표가 내가 중요하게 생각하는 가치와 일치하는지, 내 인생의 미션과 비전에 잘 부합하는지 고려해야 한다. 내가 진정으로 원하는 것이 아니라면, 금방 지치기 쉽다.

T time sensitive 정밀한 기한 설정 ─ 과제를 하거나 무언가 제출할 때 마감 기한이 다가오면 더 집중력이 높아지는 경험이 있을 것이다. 누군가 정해주지 않은, 내가 정한 기한이어도 비슷한 역할을 한다. 그렇기에 목표별로 너무 관대한 기한을 설정하지 말자. 혹시 모든 목표의 마감 기한이 6개월 뒤, 또는 1년 뒤라면 목표의 우선순위를 생각해서 정확한 날짜까지 적어보자.

수정된 열 가지의 목표

항목	목표	달성 마감 기한

이제 내가 원하는 방향에 대한 목표를 설정했다. 내가 무언가를 결정할 때 필요한 기준이 생겼다. 이것만으로도 엄청난 일을 한 것이다. 실제로 모든 칸을 다 채웠다면 반나절 이상의 시간이 걸렸을 것이다. 이제 마지막 과정이다. 내가 원하는 것들, 내가 생각하는 삶이 균형 잡혀 있는지를 체크해봐야 한다.

인생의 수레바퀴

다음의 수레바퀴 같이 생긴 그래프에 분야별로 뽑은 목표 숫자만큼 점을 찍어보자. 그리고 그 점을 선으로 이어보자. 선이 원형에 가까울수록 모든 영역에 걸쳐 균형이 맞는 것이다. 원형의 모양이 각져 있을수록 삶의 균형이 무너져 있을 가능성이 높다. 좋은 집에 살고 좋은 차를 타지만 재미도 친

인생의 수레바퀴

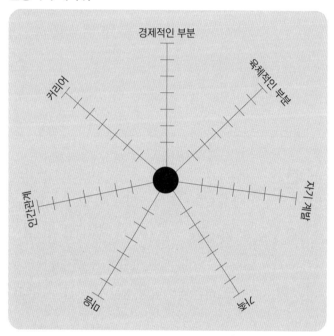

구도 없는 인생을 살게 될 수도 있는 것이다. 각 분야가 조화

롭게 이뤄져야 행복한 인생을 살 확률이 높다.

내가 진행했던 강의에 참가한 어느 참가자는 회사를 그만

두고 새로운 일을 해보고 싶었으나, 쉽게 도전하지 못하고 있

었다. 그의 인생의 수레바퀴는 다른 항목보다 가족 항목이 많

은 비중을 차지하고 있었다. 그에게는 미래를 위한 불안정한

도전보다 가족과의 행복, 안정적인 일상이 더 중요했다. 이 결과를 토대로 자신이 포기해야 할 부분과 선택해야 할 부분이 더 명확하게 들어나 현재 종사하고 있는 일에 더 집중할 수 있게 되었다.

결국 마음을 정리하는 것이 내 모든 행동의 시작점이 된다. 내가 살아가는 인생에서 생산성을 높이고, 성공을 경험하고, 목표를 달성하기 위해서는 지금 했던 마음정리가 꼭 필요하다. 자신에 대해서 진지하게 생각해본다는 것은 상당히 어려운 일이다. 하지만 이것보다 중요한 건 없기에 시간을 투자해서라도 해보길 바란다.

설명할 수 없다면
이해하지 못한 것이다

코끼리보다 무거운 쥐

직장에서 회의를 하다보면 앉아 있는 시간은 길어지는데 별 소득이 없을 때가 있다. 서로 같은 말만 반복하며 논점을 좁히지 못하기 때문이다. 한편 논리적인 사람은 회의의 흐름을 파악하고는 단번에 포인트를 집어낸다. 다음 주제로 회의가 열렸다고 생각해보자. "쥐, 개, 코끼리, 이 세 동물 중에서 가장 무거운 동물은 무엇일까?" 일반적으로는 "당연히 코끼리지"라고 대답할 것이다. 정답이다. 하지만 혹시 누군가 "코끼리보다 쥐가 더 무겁다"라고 한다면 그건 어찌된 일일까?

상식적으로 당연히 틀렸다는 생각이 들것이다. 하지만 조금 다르게 생각해보면 쥐가 더 무겁다는 대답이 맞을 수 있을지도 모른다. 보통 우리의 대답은 쥐 한 마리와 코끼리 한 마리의 무게를 비교해서 나온 결론이다. 하지만 만약에 '쥐가 더 무겁다'라고 대답한 사람이 자신은 지구상에 존재하는 모든 쥐와 모든 개, 그리고 모든 코끼리의 무게를 합한 것을 비교해서 말한 것이라고 한다면 그 또한 정답이 될 수 있다. 쥐는 개나 코끼리에 비교할 수 없을 정도로 많은 반면, 코끼리는 멸종 위기에 처할 정도로 개체수가 줄어들었기 때문이다.

이처럼 결론과 근거를 연관 지어 생각하고, 그 결과가 이해할 수 있는 수준이라면 허무맹랑한 소리인 것 같은 주장도 충분히 논리적이라고 말할 수 있다. 결국 논리적이라는 것은 어떤 명제가 참인지 거짓인지를 구분하는 것이 아니고, 자신이 주장하는 것에 대해서 적절한 근거와 사실을 제시하여 상대방을 납득시키는 하나의 프로세스다.

논리적인 사람의 특징

그렇다면 논리적인 사람에게는 어떤 특징이 있을까? 첫 번째로 그들은 누군가와 대화를 하거나 회의에 참석했을 때, 기본적으로 전제를 일치시키는 것부터 시작한다. 사람들은 대화할 때 자신이 알고 있는 것을 상대방도 알고 있을 것이라고 착각한다. 하지만 열심히 이야기를 하다보면 기본적으로 생각하고 있는 전제가 다르다는 사실을 알게 된다. 그렇기에 그들은 중간중간 자신의 생각과 상대방의 생각이 같은지 확인하기 위해서 계속해서 질문을 던진다.

두 번째로 가설 중심의 사고를 한다. 그들은 어떠한 문제가 생겼을 때 감정에 휩싸이는 것이 아니고 현재 상황을 명확하게 정의한 뒤 현상이 어떻게 될 것이라는 가설을 세우고 그에 맞는 행동을 계획하고 실천한다. 자료를 조사하거나 다음 단계로 넘어가면서 가설에 부족한 부분이 생기면 추가로 확보된 근거에 따라 가설을 수정하고, 다음 단계의 계획을 조정하여 문제를 해결하고 목표를 달성하기 위해 효과적으로 행동한다.

세 번째는 상대방을 이해시키기 위해서 상대방의 눈높이에 맞춰서 설명하고 설득시킨다. 알베르트 아인슈타인Albert

Einstein은 "여섯 살짜리 아이에게 설명할 수 없다면 당신도 이해하지 못한 것이다"라는 말을 남겼다. 그만큼 듣는 사람의 입장에 맞게 전달할 수 있는 능력이 중요하다. 아무리 중요한 대화라도 상대에게 내 뜻을 이해시킬 수 없다면 시간 낭비에 그치고 만다. 그래서 논리적인 사람들은 설명할 때 상대의 언어로 상대의 눈높이에 맞게 설명하고 이해시킨다. 어려운 전문 용어를 남발하여 보고서를 작성해서 보고했는데, 보고받은 사람이 그 내용을 이해하지 못한다면, 그 보고서는 좋은 보고서가 아니다.

익스플로러를 쓰는 사람과
크롬을 쓰는 사람

어떤 직원이 더 오래, 더 즐겁게 일할까?

기본적으로 생각은 눈에 보이지 않는 두뇌 활동이다. 그러니 생각을 잘 정리하기 위해서는 생각을 눈에 보이게 해야 한다. 생각을 눈에 보이게 만들기 위해서 사용되기 시작한 것이 바로 도구다. '도구'를 《표준국어대사전》에서 찾아보면 '일을 할 때 쓰는 연장을 통틀어 이르는 말'이나 '어떤 목적을 이루기 위한 수단이나 방법'을 일컫는다고 나온다. 그럼 생각을 눈에 보이게 만들기 위해서는 어떤 도구가 필요할까?

인류가 사용한 방법에는 다양한 것들이 있지만, 우리가 현재까지도 가장 흔하게 사용하고 있는 도구는 바로 펜이다. 기원전 4000년경에 이집트에서 사용된 '잉크가 채워진 갈대'가 인류 최초의 펜이었다. 생각을 눈에 보이게 만드는 도구는 펜으로 시작해서 현재는 다양한 종류로 발전했다. 글을 쓰는 많은 사람들은 이제 컴퓨터와 키보드를 이용한다. 효율성이 훨씬 좋아진 것이다. 생각을 표현하는 도구는 기술이 발전하고 시간이 흐를수록 계속해서 효율적으로 발명될 것이다.

그럼 생각을 정리하는 도구에는 어떤 종류가 있을까? 생각을 눈에 보이게 하는 도구가 '하드웨어'라면 생각을 정리하는 도구는 '소프트웨어'라고 할 수 있다. 마음을 정리하기 위해 인생의 목표를 적어보는 과정은 그 자체로 하나의 도구다. 또한 '프레임워크'라고 불리는 것들은 모두 생각을 정리하는 도구다. 일본 창의성학회에 따르면 생각에 관련된 프레임워크와 발상법은 세계적으로 400개가 넘게 존재한다고 한다.

최근에는 프레임워크를 넘어 스마트워크가 대두되었는데 이는 다양한 디지털 프로그램들을 활용해서 효율적이고 효과적으로 생각 또는 자료를 정리하는 것을 말한다. 하지만 대부분의 사람들은 새로운 프로그램이나 방법보다는 기존에 사용하던 방법, 기존 프로그램을 사용하려는 습관이 강하다.

이와 관련해서 와튼스쿨 조직심리학 교수인 애덤 그랜트 Adam Grant는 저서 《오리지널스Originals》에서 경제학자 마이클 하우스먼Michael Housman의 프로젝트를 소개한다. 하우스먼은 고객 상담을 하는 직원들 사이에 재직 기간이 차이 나는 이유를 밝히기 위해서 이 프로젝트를 진행했다. 그는 다양한 분야에서 고객 상담 전화를 받는 3만여 명에 관한 자료를 확보했다. 하우스먼은 과거에 이직이 잦았던 직원이 더 빨리 그만둘 것이라고 예상했지만, 조사 결과는 그렇지 않았다. 과거 5년 동안 다섯 차례 이직을 한 직원의 경우 5년 동안 같은 직장을 다닌 사람보다 그만두는 확률이 더 낮았던 것이다.

하우스먼이 가지고 있던 정보 중에는 직원들이 구직을 할 때 어떤 브라우저를 사용했는지에 관한 정보도 있었다. 그는 혹시나 이들이 사용한 브라우저가 사직과 연관되어 있을지도 모른다는 생각이 들어 조사 결과를 확인했다. 그러나 이를 확인하면서도 하우스먼은 당연히 취향 차이일 뿐 아무런 상관관계가 없을 것이라고 예상했다. 그런데 웹브라우저로 '파이어폭스'나 '크롬'을 사용한 직원이 '인터넷 익스플로러'나 '사파리'를 이용한 직원보다 재직 기간이 15퍼센트 더 길었다.

이 결과가 우연이라고 생각한 하우스먼은 직원의 결근 자료와 브라우저의 상관관계도 조사했다. 하지만 결과는 마찬가지로 파이어폭스나 크롬을 이용한 직원의 결근 확률이 인터넷 익스플로러나 사파리 이용 직원보다 19퍼센트 낮았다. 업무 수행 평가는 어땠을까? 하우스먼과 연구팀은 직원들의 판매 실적, 고객 만족도, 평균 통화 지속 시간 등 300만 건이 넘는 자료를 모아서 분석했는데 그 결과 또한 웹브라우저와 관련 있었다. 파이어폭스나 크롬을 이용하는 직원들은 판매 실적이 좋았으며, 평균 통화 시간은 짧았고, 고객 만족도는 높았다. 파이어폭스나 크롬을 이용하는 직원들은 인터넷 익스플로러나 사파리를 이용하는 직원들이 입사 120일 후에야 달성하는 업무 수행 능력을 90일 만에 보여주었다.

더 오래 일하고, 더 성실히 일하고, 업무 수행 능력이 더 뛰어난 이유가 웹브라우저에 있는 것은 아닐 텐데 무엇 때문에 이런 결과가 나온 것일까? 파이어폭스나 크롬 이용자가 컴퓨터를 더 잘 다루기 때문은 아닐까? 이에 하우스먼은 추가 조사를 했다. 연구 대상인 직원 모두에게 컴퓨터 사용 지식에 관한 테스트를 실시한 것이다. 컴퓨터 키보드 단축키를 숙지하고 있는지, 소프트웨어 프로그램과 하드웨어에 관한 지식이 있는지, 타자 속도는 빠른지 측정했다. 그러나 두 집단 사이에는 별 다른 차이가 드러나지 않았다.

그럼 도대체 무슨 차이가 있었던 걸까? 그 직원들의 차별화 요인은 그들이 브라우저를 획득한 방법에 있었다. 컴퓨터를 구입하고 나면 윈도우에는 인터넷 익스플로러가, 맥을 구입하면 사파리가 이미 내장되어 있다. 고객 상담 직원 가운데 3분의 2가 내장된 브라우저를 사용했으며 이들은 더 나은 브라우저가 있지 않은지에 대한 의문을 품지 않았다. 하지만 파이어폭스나 크롬을 사용하는 사람들은 자신이 원하는 특정 브라우저를 직접 검색하고 다운로드하는 수고를 감수했다. 내장된 기능을 그대로 사용하지 않고 주도력을 발휘해서 더 나은 선택지를 찾은 것이다. 바로 그 주도력이 작업 수행 능력을 예측할 수 있는 단서였다.

내장된 브라우저를 사용한 그룹은 자신이 하는 일에서도 같은 접근 방식을 적용했다. 그들은 회사가 정한 방침 그대로

로 일했다. 그들은 자신의 직무를 고정 불변의 것으로 생각했고 따라서 자기 일에 불만이 생기면 결근하기 시작하다가 결국 사직했다. 하지만 주도적으로 새로운 브라우저를 다운받는 그룹은 업무를 대할 때 기존의 방법보다 좋은 방법이 있는지 떠올렸다. 마음에 들지 않는 상황에서 포기하지 않고 상황을 바로 잡으려고 노력했다. 자신이 처한 상황을 주도적으로 개선했으므로 그들은 이직할 이유가 없었고 자신의 일을 자신이 원하는 방식으로 재창조했다. 하지만 이런 사람들은 일반적인 다수가 아닌 '예외'였다.

생각정리에도 '도끼'가 필요하다

정해진 대로 하는 것이 아니라 내가 주도해서 새로운 방법을 찾는 것은 결국 모든 부분에 있어서 중요하다. 도구가 중요하다고 말하는 것도 비슷한 이유에서다. 나무를 벨 때 맨손으로 도전하기보다는 도끼가 있으면 효율성이 훨씬 좋아지는 것처럼 도구 자체가 주는 이점이 존재하지만, 그보다도 나에게 맞는 도구를 찾아가면서 내 문제를 해결할 수 있도록 새로운 능력을 만들어내는 것이 더욱 중요하다.

이제 생각을 정리하는 데 유용한 도구에 대해서 살펴보자. 총 여섯 개의 도구를 소개하려고 한다. 이것들은 '사고 기반의 도구'와 '프로그램 기반의 도구'로 나눌 수 있다. 사고 기반의 도구는 생각하는 방법과 규칙을 배워 '사고의 틀'을 만드는 데 목적이 있다. 프로그램 기반의 도구는 사고 기반의 도구를 디지털 상태에서 더 빠르고 효율적으로 사용하고 표현하는 데 적합하다.

마인드맵Mind-map

생각정리 도구에 관심이 없는 사람이라도 마인드맵은 한 번쯤은 들어봤을 것이다. 강의 현장에서 학생 또는 직장인들에게 물어봐도 90퍼센트 이상이 마인드맵을 들어봤고 알고 있다고 한다. 하지만 마인드맵을 실제로 사용하느냐고 물으면 그렇다고 응답하는 사람의 비율이 많아야 10퍼센트도 되지 않는다. 보통은 한 명도 사용하지 않는 경우가 대부분이다.

마인드맵은 세계적으로 유명한 기업에서도 많이 사용하고 있으며, 마인드맵을 사용하는 사람을 '마인드맵퍼'라고 부르는데 마이크로소프트의 빌 게이츠Bill Gates가 대표적이다. 마인드맵은 1970년대 미국의 토니 부잔Tony Buzan이 만들었다. 대학원을 다니던 부잔은 늘어나는 학습량을 따라 잡기 힘들어졌고, 두뇌가 어떻게 지식을 받아들이는지에 대한 궁금증이 생겨났다. 그 당시만 하더라도 두뇌에 대한 연구가 활발히 이루어지지 않은 단계였기 때문에 구할 수 있는 정보가 별로 없었다. 그는 자신의 궁금증을 직접 해결하기 위해 새로운 발상법을 만들어냈다.

그는 기존 공부법의 문제점이 직선식 사고방식에 있다고 생각했다. 기존에 하던 습관적인 사고방식과 필기법이 우리 두뇌가 정보를 기억하는 데 적합하지 않다고 생각했다. 기존의 방식에는 어떤 문제가 있을까? 아래의 글을 한 번 읽어보자.

사고 기반의 도구에는 기본 사고를 담당하는 마인드맵, 논리적 사고를 담당하는 로직트리, 수렴적 사고를 담당하는 KJ법 등이 있고, 프로그램 기반 도구에는 디지털 마인드맵 프로그램 X-MIND, 디지털 노트 EVERNOTE, 아웃라이너 프로그램 Dynalist가 있다. 이들은 서로 다른 특성들을 가지고 있기 때문에 각각의 장점을 파악하어 효율적으로 사용하여야 한다.

앞에서 설명한 생각정리 도구 중 여섯 가지를 소개하는 글이다. 직선으로 나열되어 있는 정보라서 무엇이 핵심 키워드인지 가려내기 쉽지 않다. 핵심 키워드가 다른 단어들에 가려져 있어 확인하기 곤란하다. 이는 두뇌가 핵심 개념들 사이에서 적절한 연상 결합을 일으키지 못하도록 방해한다. 또한 단조롭게 작성된 노트에 두뇌는 지루함을 느껴 내용을 기억하기 더욱 힘들다. 결국 이런 단점이 시간낭비를 불러오고 창의적인 자극을 주지 못한다. 그럼 위 내용을 마인드맵 형식으로 바꾸어 표현하면 어떻게 될까? 아래의 마인드맵처럼 한눈에 파악할 수 있다.

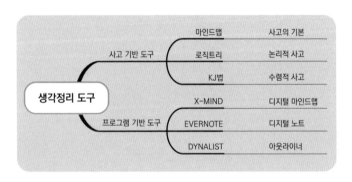

마인드맵으로 표현된 내용은 군더더기 없이 단어와 단어

사이의 관계를 한눈에 보여준다. 마인드맵의 구조는 사람의 뇌에 위치한 '의미 네트워크'라고 하는 기억 구조와 유사하기 때문에 복잡한 구조의 정보도 쉽게 표현이 가능하며 이해하기 쉽다.

꾸준히 마인드맵 형태의 사고방법을 이용하던 사람은 글을 읽으면서 머릿속에서 자동으로 이러한 형태를 떠올렸을 것이다. 마인드맵을 사용하려면 어떻게 해야 할까? 기본적인 규칙을 이해하면 쉽게 사용할 수 있다.

1. 마인드맵의 중심 토픽^{아이디어, 과제, 주제}이 정해지면 중앙에 배치한다. 기억에 오래 남도록 하려면 그림으로 표현하거나, 중요한 부분을 색으로 강조한다.

2. 중심 토픽에서 가지를 치면서 연관성이 있는 내용을 주

요 토픽으로 배치한다. 중심과 가까울수록 가지는 두껍고 단단하게 그린다.

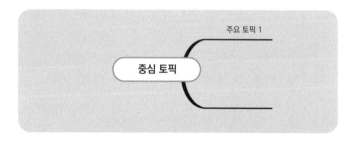

3. 주요 토픽에 관련된 내용은 하위 토픽으로 연결한다. 주요 토픽과 하위 토픽의 같은 레벨에 있는 내용은 형제 토픽을 이용하여 병렬 방식으로 가지를 확장시킨다.

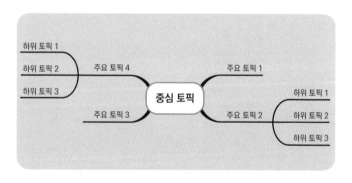

4. 관련된 이미지를 사용하여 표현하고, 인접하지 않은 토픽이라도 연관성이 있다면 화살표를 사용하여 연결한다.

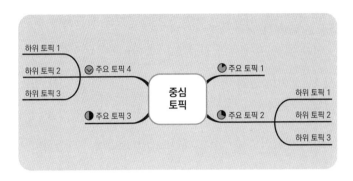

디지털 프로그램이 개발되기 전까지 마인드맵은 종이와 펜을 이용해 작성되었다. 지금도 학습과 관련된 주제라면 손으로 쓰는 마인드맵을 추천한다. 암기하는 데 있어 타자를 치는 것과 손으로 쓰는 것의 차이가 존재하기 때문이다. 하지만 업무에 활용하거나 방대한 양의 자료를 정리할 때는 손으로 그리는 마인드맵은 단점이 매우 크다. 한번 작성한 내용을 수정하는 것이 거의 불가능하고, 보기 좋게 그려야 한다는 부담감이 작용한다. 또한 한 페이지에 작성할 수 있는 양이 정해져 있고 작성한 마인드맵을 보관하기도 불편하다. 이러한 단점이 마인드맵을 사용하지 않게 만든다. 결국 단점을 보완하기 위해서 다양한 종류의 디지털 마인드맵 프로그램이 개발되었다.

마인드맵을 이용하면 기본적으로 생각을 분류하게 되고, 원인과 결과, 주제와의 관련성을 생각하면서 내용을 작성하게 된다. 이는 논리적인 생각을 자연스럽게 할 수 있게 만들어준다. 또한 생각의 연쇄 작용을 통해 창의적인 생각을 자연스럽게 만들어낼 수 있다. 마인드맵을 계속해서 사용하다보면 모든 정보에 대해서 방사형으로 생각하는 것이 습관적으로 이루어진다.

디지털 마인드맵 프로그램 'X-Mind'

기존 마인드맵의 단점을 보완하고 변해가는 환경에 맞춰서 개발된 것이 디지털 마인드맵 프로그램이다. 디지털 마인드맵은 마인드맵의 형태를 최대한 비슷하게 디지털로 변형했을 뿐 생각하는 방법이나 기본적인 방법은 손 마인드맵과 다르지 않다. 하지만 수정과 보관이 쉽고 빠르게 작성할 수 있다. 사무실에서 노트북을 이용하거나 외부에서 핸드폰을 이용하여 언제 어디서든 작성할 수 있기 때문에 장소의 제약도 존재하지 않는다. 디지털 마인드맵 프로그램은 국내외 업체에서 이미 많이 만들어 배포하고 있다. 디지털 마인드맵은 무료 버전과 유료 버전으로 나눠지는데, 자신의 사용 환경에 맞게 필요한 프

X-mind Zen의 구성 화면

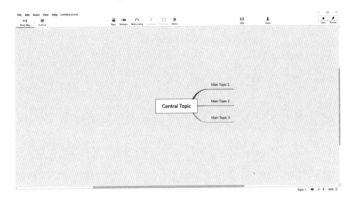

로그램을 다운로드 받아서 사용하면 된다. 이 책에서는 내가 사용하고 있는 프로그램인 'X-Mind'를 살펴보겠다.

X-mind는 홍콩의 한 기업에서 운영하고 있는 서비스로 2008년 세상에 나온 뒤 지금은 전 세계 다수의 사람이 사용하고 있다. X-mind는 기존 프로그램인 'X-mind 8'과 최근 런칭한 'X-mind Zen' 이렇게 두 가지로 나뉘는데 기존 프로그램은 국내 총판을 통해서 구입이 가능하며 'X-mind Zen'은 기업 홈페이지에서 다운 받아 구독형 서비스로 이용할 수 있다. 두 버전 모두 무료 버전을 제공하고 있는데, 무료 버전으로도 기본 기능을 무리 없이 쓸 수 있다. 사용해보고 더 많은

기능을 누리고 싶다면 유료 버전으로 넘어가도 좋다.

내가 다른 프로그램보다 X-mind를 선호하는 이유 중 하나는 프로그램의 호환성이다. 몇몇 프로그램은 윈도우에서만 작동하고 맥 환경은 지원하지 않는다. 또한 PC 버전만 지원하고 모바일에서는 작동이 되지 않는 경우도 흔하다. 결국 PC 버전, 맥 버전, 모바일 버전 등 여러 프로그램을 사용해야 하는 불편이 따른다. 하지만 X-mind는 이를 모두 지원한다. 어떠한 환경에서도 공유와 편집이 가능하다. 이보다 더 중요한 이유는 X-mind가 뒤에서 설명할 도구인 '에버노트'와 바로 공유된다는 점이다. 나는 X-mind를 아이디어의 발상, 강의 수강 내용 기록, 강의 로직 구성 등 거의 모든 부분에 사용하고 있다. 그래서 마인드맵의 개수가 계속해서 늘어난다. 이를 관리하기 위해서는 에버노트와 같은 서랍형 도구가 필요한데, 이를 어떻게 활용하고 있는지는 에버노트를 다룰 때 알아보자.

맥킨지의 로직트리

로직 트리는 세계적인 컨설팅 회사인 맥킨지의 생각정리 방법인 '로지컬 씽킹'의 일부로 소개되면서 유명해졌다. 업무 현장에서도 로직트리 형태의 사고법은 문제 해결에 있어 좋

로직트리의 기본형태

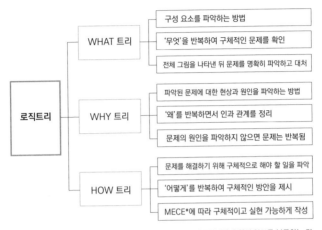

로직트리 ─ WHAT 트리
- 구성 요소를 파악하는 방법
- '무엇'을 반복하여 구체적인 문제를 확인
- 전체 그림을 나타낸 뒤 문제를 명확히 파악하고 대처

WHY 트리
- 파악된 문제에 대한 현상과 원인을 파악하는 방법
- '왜'를 반복하면서 인과 관계를 정리
- 문제의 원인을 파악하지 않으면 문제는 반복됨

HOW 트리
- 문제를 해결하기 위해 구체적으로 해야 할 일을 파악
- '어떻게'를 반복하여 구체적인 방안을 제시
- MECE*에 따라 구체적이고 실현 가능하게 작성

* MECE: 누락되는 내용이 없으면서 하나의 내용이 여러 그룹에 중복되어 속하지 않도록 분류하는 것

은 효율을 보이며, 적용하기가 쉬워 많은 사람이 애용하고 있다. 로직트리란 한 그루의 나무와 같다. 줄기를 시작으로 큰 가지가 뻗어나가고, 큰 가지는 몇 개의 작은 가지로 나뉜다. 이런 구조는 한눈에 맥락을 볼 수 있고 인과관계를 나타낼 수 있어 유용하다. 이는 마인드맵의 모습과 유사하기도 하지만 마인드맵은 자유롭게 생각이 뻗어나간다면, 로직트리는 연역 및 귀납의 '논리적 구조'를 통해서 결론을 도출해내거나 근거를 찾는 데 도움이 된다는 특징이 있다. 또한 로직트리의 가

왓 트리의 활용 예시

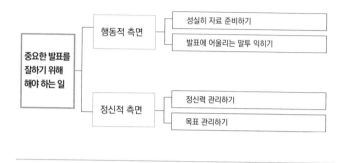

지들은 전체상을 파악할 수 있도록 중복과 누락이 없이 구분해야 하는 특징이 있다.

로직트리는 목적에 따라 세 가지로 구분할 수 있다. 첫째는 '왓what 트리'다. 왓 트리는 주제에 대한 구성 요소를 파악하고 누락과 중복 없이 정리하는 데 사용한다. 주어진 상황의 구성 요소를 한눈에 확인하면서 어느 부분에 문제가 있는지 파악한다. 왓 트리는 매출과 같은 정량적인 내용을 분석할 수도 있고, 정성적인 부분에 대해서도 분석이 가능하다.

직장인이 중요한 발표를 준비하는 상황에서 로직트리를 적용하여 어떠한 문제를 찾을 수 있는지 확인해보자. 발표를 잘하기 위해서는 무엇을 준비해야 할까? 발표를 잘하기 위해서 해야 하는 일을 행동적 측면과 정신적 측면으로 나누면 중복과

와이 트리의 활용 예시

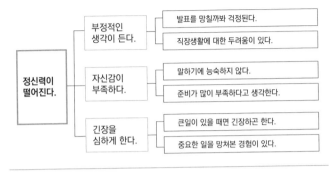

누락 없이 내용을 다룰 수 있다. 행동적 측면에는 '성실히 자료 준비하기'와 '발표에 어울리는 말투 익히기'가 포함되고 정신적 측면에는 '정신력 관리하기'와 '목표 관리하기'가 포함된다.

다음으로 '와이^why 트리'가 있다. 와이 트리는 발견된 문제에 대한 현상과 원인을 파악하는 데 이용할 수 있다. 한 가지 문제점에 대해서 '왜?'라는 질문을 계속 던짐으로써 답을 찾는 과정을 반복한다. 표면적인 현상에 머무른 상태에서 해결책을 찾게 되면 문제는 계속해서 반복된다. 원인을 해결해야 문제가 해결될 확률이 높다. 그럼 앞서 왓 트리에서 찾은 '정신력 관리하기'가 잘되지 않을 경우에 대한 와이 트리를 만들어보자.

정신력이 관리되지 않는 이유를 와이 트리로 작성해보면 원인을 파악하기 수월해진다. "정신력이 왜 관리되지 않

하우 트리의 활용 예시

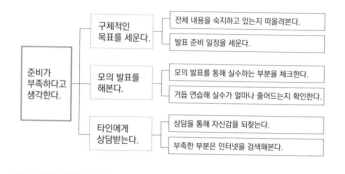

지?"라고 물어본다면 "부정적인 생각이 들어서" "자신감이 부족해서" "긴장을 심하게 해서"라고 대답할 수 있다. 이어서 "그렇다면 자신감이 왜 부족하지?"라고 묻는다면 "말하기에 능숙하지 않아서" "준비가 많이 부족하다고 생각해서" 등의 이유를 발견할 수 있다.

마지막으로 하우how 트리가 있다. 와이 트리를 통해 문제의 원인에 접근했으면, 그에 맞는 해결 방안을 찾아야 한다. 하우 트리는 '어떻게'를 반복 질문하면서 구체적이고 현실적인 방안을 찾는 형태다. 와이 트리에서 찾은 자신감이 부족한 이유 중 한 가지인 '준비가 많이 부족하다고 생각한다'에 대한 해결 방안을 찾아보자.

준비가 부족하다고 생각해서 자신감이 떨어진다면 다양한

해결 방안이 존재한다. 구체적인 목표를 세우고, 모의 발표를 통해 연습하며 현재 준비 상태를 확인하고 타인에게 상담을 받거나 도움을 받는 해결책을 만들 수 있다.

이처럼 왓, 와이, 하우의 흐름으로 사고하는 것이 로직트리를 활용해 문제를 해결하는 좋은 방법이다. 왓 트리로 무엇이 문제인지, 어떤 구성 요소로 이루어져 있는지 파악하고, 와이 트리로 문제가 발생한 원인이 무엇인지 파악하며, 하우 트리를 통해 문제를 해결할 구체적인 방안을 찾음으로써 논리적인 순서로 문제 해결책을 만들어낼 수 있다.

포스트잇을 사용하는 KJ법

마지막으로 소개할 사고 기반의 도구는 KJ법이다. KJ법은 일본의 문화인류학자인 가와기타 지로Kawakita Jiro가 학술 조사를 정리하기 위해 고안한 방법이다. 한국의 문화심리학자인 김정운 교수가 어느 방송 강연에서 독일 유학 시절의 이야기를 꺼낸 적이 있다. 그 당시 김정운 교수는 지도 교수에게 논문에 대한 조언을 받을 때 자신만의 아이디어가 존재하지 않는다는 지적을 받았다고 했다. 도대체 다른 독일 학생들과의 차이점이 무엇인지 궁금했고, 독일 학생들을 관찰해보니 그들은 카드를 이용해서 자료를 정리하고 공부했으며, 그 것이 자신만의 새로운 이론을 만들어내는 데 중요한 역할을 한다고 말했다. 이는 KJ법과 상당히 유사한 방식이다.

KJ법은 나도 모르는 새 교육을 받거나 회의를 진행할 때 이미 여러 번 사용해보았을 것이다. '포스트잇'이나 메모지에 아이디어를 적어 넓은 종이에 붙인 뒤 주제에 따라 여러 그룹 으로 나누어 새로운 해결점을 찾아가는 방법은 모두 KJ법에 속한다. 이 사고 방법에 대한 개념이 잡혀있으면 디지털 도구 를 활용하거나 새로운 지식을 만들어낼 때 상당한 도움을 받 을 수 있다. 그럼 KJ법에 대해서 알아보자. KJ법은 4단계로 구성되어 있다.

1. 한 주제에 대해 입수한 정보나 떠오른 생각을 수시로 카 드에 적는다.

2. 수집한 카드가 모이면 카드를 자신이 생각한 분류 기준 대로 그룹화한다. 하나의 그룹은 다시 소그룹으로 이루 어져도 된다. 또한 소그룹끼리 묶여있는 대그룹을 만들 어도 좋다.

3. 그룹들은 연관성에 따라 순서를 부여한다. 원인과 결과

는 시간순서로 나열하고, 같은 의미의 그룹이 있다면 병렬의 형태로 나열한다.

4. 모여 있는 카드 중 생각의 시발점이 된 카드를 선정한 뒤 모든 카드에 있는 내용을 하나의 글로 연결해 작성한다.

KJ법은 전형적인 수렴적 발상법이다. 발상법은 크게 두 가지로 구분된다. 한 가지는 확산적 발상법이고, 다른 하나가 수렴적 발상법이다. 확산적 발상법이 브레인스토밍과 같이 아이디어를 끄집어내는 것이라면 수렴적 발상법은 KJ법처럼 모아진 자료를 분류하고 배열함으로써 우선순위를 정하는 역할을 한다. 확산적 사고가 수렴적 사고로 이어지는 것이 생각이 정리되고 행동으로 이어지는 과정의 핵심이기 때문에 KJ법은 꼭 이해하고 있어야 한다.

KJ법은 기존처럼 포스트잇이나 메모지를 활용해도 괜찮지만, 디지털 프로그램을 사용하면 더욱 손쉽게 이용할 수 있다. 파워포인트의 슬라이드를 한 장의 카드라고 생각하고 내용을 수집한 뒤 '슬라이드 여러 장 보기'를 통해 이동하면서 새로운 이론을 만들어낼 수도 있다.

언제나 열어볼 수 있는 서랍, 에버노트

에버노트는 이미 너무 유명한 디지털 노트 프로그램이다. 온라인에서 다운받으면 사용할 수 있으며 무료 버전과 유료 버전으로 사용이 가능하다. 에버노트를 사용하는 이유는 '생각의 서랍'처럼 활용이 가능하기 때문이다. 온라인에서 검색하던 자료를 몇 번의 클릭만으로 노트에 저장할 수 있고, 받은 이메일을 내 에버노트로 전송해서 중요한 이메일만 따로 관리할 수 있다. 그리고 디지털 마인드맵 X-mind와 연동이 되기 때문에 X-mind로 작성한 마인드맵을 클릭 몇 번으로 에버노트에 저장이 가능하다. X-mind는 파일별로 저장이 되기 때문에 정보를 찾기 위해서는 파일을 하나하나 열어봐야하는 단점이 있다. 하지만 에버노트와 공유하면 에버노트 자체에 x-mind 파일이 저장됨과 동시에 이미지, 텍스트로 저장되어 한 번에 모든 정보가 검색 가능해진다. 유료 버전을 사용하면 이미지 또는 PDF 파일 안에 있는 내용도 포함해서 검색되니 사진을 찍어서 보관하는 것만으로도 다양한 텍스트를 쉽게 찾을 수 있다. 클릭 한 번이면 내가 원하는 곳으로 데려다주는 서랍이 바로 에버노트다.

Dynalist 기본 시작 화면

아웃라이너 프로그램 Dynalist

아웃라이너는 '들여쓰기'를 통해 상하 계층을 만들어 문서 작성에 도움을 주는 프로그램이다. 마인드맵과 비슷한 개념을 가지고 있기는 하나, 마인드맵이 방사형 사고로 이루어진다면 아웃라이너는 직선형이지만 트리 형태로 상하 관계를 계속해서 구분할 수 있다. 사용법이 매우 단순하고 웹페이지에서 바로 작동이 되므로 매우 편리하다. 위에 소개한 'X-mind Zen' 2019 최신 업데이트 버전에는 아웃라이너 기능이 새로 추가되었을 정도로 많은 사람이 사용하고 있다. 국내에서 유명한 프로그램으로 'Workflowy'가 있었지만, Dynalist는 Workflowy를 사용하던 사용자가 단점을 보완해서 만들어낸 프로그램인 만큼 장점이 훨씬 크다. 체크리스트 형태로 일정을 관리하면 업무의 연관성을 확인할 수 없으며, 늘어만 가는 체크리스트가 기준에 따라 분류되지 않는 단점이 있다. 하지만 Dynalist를 이용하면 기존의 단점을 보완하고 응용까지 가능한 장점이 있다.

모든 디지털 프로그램은 계속해서 발전한다. 또한 한 가지 프로그램을 다양하게 사용할 수도 있다. 그렇기 때문에 특정한 프로그램이 가장 좋다고 이야기할 수 없다. 결국은 자신이 본인에게 맞는 프로그램을 찾아가면서 나만의 활용법을 만드는 것이 가장 중요하다. 이는 위에 설명한 사고 기반 도구도 마찬가지다. 400개가 넘는 도구를 모두 다 활용할 수는 없으나 자신의 상황에 맞는 도구를 찾아내 자신만의 노하우로 개발하는 것이 생각정리의 달인이 되는 지름길이다.

무의식적 무능력에서
무의식적 능력으로

새로운 기술을 익히기 위한 4단계

'필요에 기초하여 목표를 세우고, 관련 있는 자료를 취합하고, 명확하게 판단해서 효과적으로 분류하고, 분류된 자료는 통합된 체계 속에 재배열한다.' 다산 정약용의 작업 방식을 설명하고 있는 이 한 문장이면 생각정리의 기본 개념이 설명 가능하다. 한편으로는 '뭐가 이렇게 간단해?'라고 생각할지도 모르겠다. 하지만 결국 모든 것은 아는 것이 아니라 행하는 데서 빛이 난다. 생각정리도 마찬가지다. 지금까지 이

책을 통해 다양한 것을 학습했다. 하지만 이렇게 책을 읽으면서 익혔다고 하더라도 바로 적용하기는 어렵다. 그럼 학습은 어떻게 일어나는 걸까? NLP에서 이야기하는 학습의 4단계를 알아보자.

1단계: 무의식적 무능력

2단계: 의식적 무능력

3단계: 의식적 능력

4단계: 무의식적 능력

이를 이해하기 위해서 한 사람이 있다고 상상해보자. 이 사람은 마인드맵이라는 개념을 아예 모른다. 특히 디지털로 된 마인드맵은 상상해본 적도 없다. 이 사람은 당연히 마인드맵을 어떻게 사용하는지도 모른다. 지금의 단계가 1단계인 '무의식적 무능력' 상태다. 어떠한 것이 세상에 존재하는 것 자체를 인식하지 않고 있기 때문에 자신이 할 수 있다는 사실도 파악하지 못하는 것이다. 어린아이가 자전거라는 것을 한 번도 접해보지 못했다면 타는 방법 역시 당연히 모를 것이고 자전거를 타고 싶다는 생각조차 하지 않는 것과 같다.

그런데 이 사람이 직장에서 진행하는 특별 교육에 참석했다. 강사가 마인드맵에 대해서 설명했고 다음 시간에는 디지털 마인드맵을 통해 마인드맵 기법을 사용하는 교육도 진행하겠다고 했다. 이제 그는 마인드맵이라는 것을 알게 되었다. 하지만 아직도 어떻게 사용하지는 모르고 있다. 이 상태가 의식적 무능력 상태이다. 알고는 있으나 어떻게 하는지는 모르는 것이다. 어린아이가 자전거를 타는 친구의 모습을 보게 되었다면, 자전거라는 것을 인지하기 시작했을 것이다. 하지만 어떻게 타는지는 여전히 모르는 상태인 것과 유사하다.

이 사람은 교육을 통해서 디지털 마인드맵을 사용하는 방법을 배웠다. 그리고 사용하기 시작했다. 하지만 익숙하지 않으니 하나의 마인드맵을 만드는 데 시간도 오래 걸리고, 기능을 사용하기 위해서 메뉴를 하나하나 눌러봐야하니 오히려 업무 시간이 늘어났다. 지금의 상태가 바로 의식적 능력 상태다. 마인드맵을 사용할 수 있으나 내 능력을 사용하기 위해서는 하나하나 의식적으로 집중해야 한다. 어린아이가 자전거를 막 배운 뒤 균형을 잡기 위해서 온통 정신을 집중하고 있는 상태와 같다.

마지막 단계는 이 사람이 디지털 마인드맵을 사용하는 것에 익숙해진 것이다. 단축키도 다 외워서 따로 생각하지 않아도 손가락이 필요한 기능을 척척 불러온다. 아무렇지도 않게 새로운 마인드맵을 그려낼 수 있다. 의식을 사용하지 않고도, 무의식 상태에서도 능력을 사용할 수 있는 단계인 것이다. 자전거를 배운 아이가 연습을 통해 시간이 지나니, 이제는 자전거를 손 놓고 타기도 하고 다른 생각을 하면서도 탈 수 있게 된다. 이 상태가 무의식적 능력 상태다. 자동차 운전, 테니스, 컴퓨터 사용 능력 등 모든 것이 이런 학습의 4단계를 따른다.

생각정리를 배웠는데 업무가 더 느려졌다면?

새로 학습한 생각정리는 어느 단계에 있는 것일까? 사람마다 다르겠지만 처음 알게 된 것이 있다면 의식적 무능력 상태에 있다고 생각하면 된다. 디지털 마인드맵 프로그램을 알게 되었다고 해서 바로 능숙하게 사용할 수 있는 것이 아니다. 이제 막 배우기 시작해서 의식적 능력 상태에 있다면 오히려 효율성은 떨어질지도 모른다. 결국 연습을 통해 무의식적 능력 상태로 진입해야 효율이 올라가고 우리가 원하는 목표에 달성할 수 있게 되는 것이다.

많은 사람이 무언가 새로운 것을 배우면 내 생활이 바로 달라진다고 믿는다. 생각정리를 위한 도구도 하나만 배우면 드라마틱한 변화가 곧바로 생길 것이라고 여긴다. 무엇이든 처음부터 잘하는 사람은 없다고 머리로는 알고 있지만, 마음으로는 그렇게 믿지 않을 때가 많다. 단언컨대 처음부터 잘하는 사람은 존재하지 않는다. 가끔 주위에서 처음해보는 것도 잘하는 사람이 있다면 그건 자신이 가지고 있는 비슷한 경험을 토대로 적용하는 능력이 뛰어난 것일 뿐이다. 결국 응용하는 능력이 뛰어난 것이지 새로운 것을 잘하는 것은 아니다.

능력의 변화는 2단계 '의식적인 무능력' 상태로부터 시작된다. 능력이 부족하다는 것을 인지하면 필요한 것을 배우게 된다. 하지만 절대 의식적인 능력 상태에서 포기하지 말자. 디지털 마인드맵 프로그램을 배웠는데 불편하다고, 시간이 오래 걸린다고 다시 원래 사용하던 방식으로 돌아가면 변화는 생기지 않는다. 연습과 노력을 통해서 의식적인 능력으로 만든 다음에 부족한 점이 생긴다면 보완할 수 있는 새로운 도구를 찾는 것이 바람직하다. 능력은 거짓말하지 않는다. 연습하자. 이미지 트레이닝을 하고 직접 손으로 해보자. 그것만이 새로운 능력을 만드는 유일한 방법이다.

2장

생각만 하고
실천하지
않는
사람들

목표와
망상의 차이

"목표란 현재 상태와의 계획된 갈등"

"올해는 꼭 다이어트를 할 거야.""이번에는 영어 공부를
해야지.""자격증을 꼭 취득하겠어.""혼자서 여행을 떠나볼
까?""반드시 금연하고야 만다!"

매해 1월이면 새해 목표를 다짐하며 이를 SNS에 적고는
한다. 새해 목표를 함께 세우는 세미나가 열리고 자기계발서
수요도 덩달아 늘어난다. 헬스장에 가보면 새로운 마음으로
건강 관리를 하려는 사람들로 북적북적 거린다. 이런 현상은

우리나라에서만 일어나는 일은 아니다. 미국이나 유럽처럼 다른 대륙의 사람들도 새해가 되면 신년 목표를 다짐한다.

하지만 국적에 상관없이 발생하는 공통 현상이 있다. 대부분의 사람은 작심삼일이 된다는 것이다. 분명히 북적이던 헬스장은 2~3주만 지나면 다시 여유로워지기 시작한다. 한 통계 자료에 따르면 새해 목표를 세운 인원 중 80퍼센트가 달성에 실패한다. 그만큼 목표를 이루기란 매우 어렵다.

새해 목표뿐만 아니다. 새로운 일을 계획할 때 오래가지 못하고 포기하는 경우가 많다. 한 가지 다행인 점은 나만 그런 게 아니라는 사실이다. 많은 사람들이 겪는 현상이니 너무 걱정하지 않아도 괜찮다. 그렇지만 누구나 목표를 달성하고 싶은 욕망을 가지고 있다. 변화하지 않아도 괜찮다면 그냥 그대로 있어도 되겠지만 새로운 목표를 달성해 더 좋은 상황으로 나아가고 싶다면 왜 우리가 목표 달성에 실패하는지를 알고 새로운 방법을 찾아야 한다.

유명한 다이어리인 '프랭클린 플래너'를 만드는 프랭클린 코비 사의 공동 설립자 하이럼 스미스Hyrum Smith는 "목표란 현재 상태와의 계획된 갈등"이라고 정의했다. 목표는 현재 내가 처한 상황에서 내가 원하는 상태로 찾아갈 수 있게 도와

주는 지도와 같다. 지도가 올바르다면 비교적 쉽게 목적지에 도달할 수 있다. 하지만 지도가 잘못되었다면 더 힘들게 길을 찾을 뿐 아니라 목적지에 도달하지 못할지도 모른다. 결국 목표를 세우는 일은 최신형 내비게이션을 갖는 것이다.

목표가 아니라 망상에 매달리다

그런데 목표를 세웠는데도 불구하고 왜 항상 포기하게 되는 것일까? 나는 목표를 '꿈'이라는 말로 바꾸는 것을 좋아한다. 꿈을 이루기 위해서는 목표를 세워야하는 것이고, 목표를 이루는 것이 꿈을 달성하는 것이기 때문이다. 누군가는 목표를 달성하고 꿈을 이룬다. 하지만 누군가는 목표 달성에 실패하고 꿈을 이루지 못한다. 그건 결국 '목표를 세우는 것이 아니고 망상을 하고 있기 때문'이다.

목표를 이루는 사람들은 명확한 계획 없이 목표를 세우지 않는다. 계획을 실천함으로써 작은 성공을 경험하고, 그 작은 성공이 모여 목표를 달성하는 긍정적 상태로 나아간다. 하지만 목표 달성에 실패하는 사람들은 어떨까? 세부적인 계획이 없는 경우가 많다. 다이어트를 하겠다, 금연을 하겠다, 자

목표	망상
명확한 계획이 있다.	명확한 계획이 없다.
↓	↓
계획을 실천한다.	실천하지 않는다.
↓	↓
작은 성공을 경험한다.	항상 제자리다.
↓	↓
목표를 달성한다.	목표 달성에 실패한다.
긍정적 상태	부정적 상태

격증을 따겠다며 말만으로 끝난다면 그것은 결국 망상에 불과하다. 결국 계획이 없으면 뭘 해야 할지도 모르니 아무것도 행동하지 않는다. 변화가 이루어지지 않고 목표 달성에 실패하여 부정적인 상태로 머무르게 된다.

2002년 한일월드컵에서 대한민국은 4강 진출의 신화를 이뤘다. 16강이라는 목표를 뛰어넘어 새로운 역사를 만들어냈다. 그 당시를 기억하면 아직도 온몸이 짜릿하다. 아무도 예상하지 못했고 불가능할 거라고 생각했던 일을 달성했다. 하지만 월드컵이 있기 1년 전만 해도 상황은 달랐다. 프랑스와의 평가전에서 5 대 0으로 졌고, 체코와의 평가전에서도 역시 5 대 0으로 패배했다. 언론과 팬들은 비난의 여론을 쏟아냈다. 하지만 거스 히딩크^{Guus Hiddink} 감독은 자신이 계획한 목표를 한 단계 한 단계 밟아나가고 있었다. 히딩크 감독은 추후 tvN 〈백지연의 피플 INSIDE〉에 출연해 이렇게 이야기했다.

> "우리는 비판하는 말을 들었어도 언제나 목표에 집중해야 한다고 생각합니다. 우리의 목표는 경쟁력을 갖추는 것이었고 저는 대한축구협회 회장과 운영진들에게 말했습니다. '이게 우리의 도로입니다. 그리고 우리는 휘청거릴 거라고 예상합니다. 왜냐하면 이 도로는 마냥 매끈하지 않으며 장애물들이 있습니다. 하지만 우리는 여기서 많이 배울 것입니다.'"

목표를 달성하러 가는 길은 절대 평탄하지 않다. 수없이 많은 장애물에 부딪힐 수 있다. 특히 위대한 목표를 이루는 것은 더더욱 어렵다. 하지만 위대한 목표도 결국 명확한 계획에 따라서 하나하나의 작은 성공을 경험하면서 큰 성공으로 나아가는 것이다. 그 이상도 이하도 아니다. 누구나 불가능할 거라고 믿었던 월드컵 4강을 이뤄낸 것처럼 이제 망상에서 벗어나서 명확한 목표를 세워보자.

완벽이라는
함정에 빠지다

괴물 투수를 길러낸 '만다라트'

일본의 괴물 투수로 불리는 선수 오타니 쇼헤이大谷翔平는 만화에서나 볼 수 있는 야구선수라는 말을 듣는다. 160킬로 미터의 공을 던지는 투수인데 타자로서의 역량도 뛰어나 많은 홈런을 치는, 말 그대로 완벽한 선수다. 1994년생인 그는 2019년을 기준으로 스물다섯 살밖에 되지 않았고, 고등학교를 졸업함과 동시에 8구단 드래프트 1순위로 지명을 받았다. 그는 아직도 여러 분야에서 역사를 만들어내고 있다.

그런데 이 선수는 어떻게 이런 목표를 이루게 된 것일까? 오타니에 관심을 가지게 된 일본 언론은 그가 꿈을 이룬 배경이 궁금했다. 그래서 그의 고등학교 시절 야구 스승을 찾아가서 물었다. "어떻게 오타니를 이토록 위대한 선수로 키우셨나요?" 스승의 대답은 이러했다. "나는 160킬로미터의 공을 던지는 방법도 모르고, 그렇게 위대한 선수도 아니었습니다. 하지만 오타니가 목표를 이루기 위해서 어떻게 생각하고 계획을 세워야 하는지는 알려줄 수 있습니다."

오타니 쇼헤이의 비밀은 무엇이었을까? 그것은 '만다라트'라는 도구를 활용해 아주 구체적인 계획을 세움으로써 자신이 달성해야 할 목표에 한걸음씩 다가가는 것이었다. 오타니 쇼헤이가 "8구단 드래프트 1순위가 목표다"라고 이야기만 하고 아무런 행동도 하지 않았더라면 그것은 망상에 불과했을지 모른다. 하지만 그는 철저한 계획으로 목표를 현실로 만들었다.

만다라트는 일본의 디자이너 이마이즈미 히로아키^{今泉浩晃}가 고안했는데 그는 불교의 만다라에서 영감을 받았다고 한다. 만다라트는 총 81개의 칸으로 이루어져 있다. 가운데 이루고 싶은 목표를 넣고 주변 여덟 칸에 목표를 이루기 위해 필요한 내용을 적는다. 그리고 여덟 개의 항목을 다시 둘러싸고 있는 나머지 여덟 칸의 중심으로 이동시킨다. 이어서 중심 항목을 이루기 위해 필요한 칸을 채워넣는다. 말로 설명하기보다는 직접 보는 편이 이해가 빠르며, 매우 단순하다. 그렇지만 만다라트에는 분명한 장점이 있다. 목표를 이루기 위한 세부 방법을 한 페이지로 정리해서 볼 수 있으며, 틀에 공백을 메우고 싶은 심리를 이용하여 새로운 아이디어를 만들어내도록 돕는다. 또한 로직트리와 마찬가지로 중심에서 뻗어나가기 때문에 논리적인 생각이 가능해진다.

목표를 이루기 위해서 만다라트를 활용하는 것을 추천한다. 하지만 처음부터 만다라트를 작성하려면 여러 가지 어려움에 부딪힌다. 만다라트를 작성하기 전에, 그리고 목표를 세우기 전에 목표 달성을 실패하는 이유를 통해서 목표를 어떻게 세워야 하는지 알아보자.

목표 달성에 실패하는 이유 중 첫 번째는 구체적인 계획을 세우지 않는다는 것이다. 사실 우리는 앞서 마음을 정리하는 법을 배우며 '인생의 목표'를 만들면서 'SMART 목표 설정법'을 익혔다. SMART 규칙 중 첫 번째인 'Sspecific, 구체적으로'는 너무나 중요한 부분이기 때문에 다시 강조한다.

만다라트의 활용 예시

몸 관리	영양제 먹기	FSQ 90킬로그램	인스텝 개선	몸통 강화	축 흔들리지 않기	각도를 만든다	공을 위에서 던진다	손목 강화
유연성	몸 만들기	RSQ 130킬로그램	릴리즈 포인트 안정	제구	불안정함을 없애기	힘 모으기	구위	하체 주도로
스테미너	가동역	식사 저녁 7수저(가득) 아침 3수저	하체 강화	몸을 열지 않기	멘탈 컨트롤하기	불을 앞에서 릴리즈	회전수 업	가동역
뚜렷한 목표, 목적을 가진다	일희일비 하지않기	머리는 차갑게 심장은 뜨겁게	몸 만들기	제구	구위	축을 돌리기	하체 강화	체중 증가
핀치에 강하게	멘탈	분위기에 휩쓸리지 않기	멘탈	8구단 드래프트 1순위	스피드 시속 160킬로미터	몸통 강화	스피드 시속 160킬로미터	어깨 주위 강화
마음의 파도를 만들지 않기	승리에 대한 집념	동료를 배려하는 마음	인간성	운	변화구	가동역	라이너 캐치볼	피칭을 늘리기
감성	사랑받는 사람	계획성	인사하기	쓰레기 줍기	부실 청소	카운트볼 늘리기	포크볼 완성	슬라이더의 구위
배려	인간성	감사	물건을 소중히 쓰자	운	심판을 대하는 태도	늦게 낙차가 있는 커브	변화구	좌타자 결정구
예의	신뢰받는 사람	지속력	플러스 사고	응원을 받는 사람이 되자	책 읽기	직구와 같은 폼으로 던지기	스트라이크 에서 볼을 던지는 제구	거리를 이미지 한다

이제 다시 새해 목표로 돌아가보자. 한 직장인이 '올해는 영어 공부를 하겠다'라는 목표를 세웠다. '영어 공부'라는 목표에서 끝난다면 이것은 목표라기보단 망상이라는 것을 이제는 알고 있다. 그럼 어떻게 해야 할까? 영어 공부를 다시 세부적으로 나누어보자. 영어 공부를 나누면 듣기, 쓰기, 읽기, 말하기로 분류할 수 있다. 아니면 토익, 토플, 아이엘츠 등 시

험에 따라 구분할 수도 있다. 과연 이 직장인이 원하는 영어 공부는 이것 중 무엇일까?

어쩌면 이 직장인의 머릿속에는 어떤 공부를 해야 하는지가 막연히 들어있을지도 모른다. 하지만 표현을 정확하게 하지 않는다면 계획을 구체적으로 세우기가 어려워진다. 만약이 사람이 원하는 목표가 토익을 공부하는 것이라면, 그는 쓰기와 말하기는 신경 쓸 필요가 없다. 토익에서 원하는 문법, 독해, 듣기만 공부하면 원하는 목표를 효율적으로 달성할 수있는 것이다. 하지만 원하는 것이 토익 점수가 아니라 회화실력을 늘리는 것이라면 계획을 세우는 단계가 완전히 달라진다. 그만큼 목표를 구체화하고 내가 달성할 성과를 명확하게 하는 것은 중요하다.

새해 목표로 '독서량을 많이 늘리겠다'고 다짐했다면, 이또한 망상이라고 말할 수 있다. 물론 아무런 계획도 세우지 않는 것보다 이런 다짐을 하는 것이 도움을 주는 것은 분명하다. 그렇지만 이러한 망상이 작심삼일로 끝나는 것은 경험을 통해 잘 알고 있다. 새해에 독서량을 늘리고 싶다면 '한 달에 두 권 이상 책을 읽겠다'라는 목표로 바꾸는 것이 훨씬 더 구체적이다.

망상	구체적인 목표
올해는 영어를 공부하겠다.	· 토익 900점을 넘기겠다. · 외국인과 5분 이상 회화할 수 있는 실력을 갖추겠다. · 영어 원서 3권 이상 독해하겠다.
올해는 독서량을 늘리겠다.	· 한 달에 두 권 이상 독서하겠다. · 마케팅 분야의 책을 30권 읽겠다. · 매일 저녁 30분 독서 시간을 갖겠다.

오타니 쇼헤이가 목표를 달성하기 위해 만다라트를 작성했듯이 목표를 이루기 위해서는 계획을 구체적으로 만드는 것이 매우 중요하다. 한 달에 책을 두 권씩 읽으려고 계획했다면 여기서 끝나는 것이 아니고 상반기 6개월 동안 읽을 책을 미리 리스트로 만들어라. 그리고 가능하다면 그 책을 직접 구매해서 목표를 달성하는 데 차질이 없게 하자. 토익 900점을 넘기고 싶다면 토익 900점을 맞기 위해서 필요한 게 무엇인지, 어떤 학원을 다녀야 하고 어떻게 공부해야 하는지를 미리 성공한 사람들의 정보를 통해서 자세히 계획으로 만들자.

오타니 쇼헤이는 만다라트를 통해 운, 정신력, 인간성까지도 계획하고 실천했다. 그는 운도 노력을 통해 만들 수 있다고 믿었던 것이다.

한 걸음에 정상을 오르는 사람은 없다

목표 달성에 실패하는 두 번째 이유는 자신의 현재 상황을 파악하지 않는다는 것이다. 목표를 세분화하고 구체화한다는 것은 자신이 처한 상황을 명확하게 인식하는 데서 출발한다. 사람은 누구나 하루 24시간 1천 440분을 살아간다. 아무리 위대한 사람이라고 하더라도 같은 시간을 사용한다. 하지만 누군가는 엄청난 성과를 이루고, 누군가는 원하는 목표를 이루지 못한다. 그 차이는 무엇일까?

목표 달성에 실패하는 사람들에게는 공통된 특징이 있다. 그들은 커다란 성과가 가까이에 있다고 생각했다. 자신이 원하는 이상적인 상황을 10단계 중 8~9단계라고 표현한다면 자신은 분명 1~2단계에 있음에도 단기간에 8~9단계로 갈 수 있을 것이라고 생각한다. 성공한 사람들이 자신의 삶을 강연으로 풀어낼 때가 있다. 이런 이야기는 보통 1~2시간이라는 짧은 시간에 이루어진다. 그들의 인생을 한정된 시간 안에서 다룬다는 것은 매우 어렵다. 그렇기에 이런 강연은 주로 매우 어려웠던 시절의 기억으로 시작한다. 그리고 중요한 몇 가지의 사건을 다루고 현재의 상황으로 넘어온다. 결국 1~2단계에서 중간 단계를 생략하고 8~9단계로 넘어간다. 하지만 결국 중요한 건 그들이 고통스러울 정도로 힘든 3~7단계를 버텨냈다는 사실이다.

중간을 겪지 않고는 다음으로 넘어갈 수 없다. 하지만 이런 스토리에 익숙한 사람들은 중간 단계의 괴로움을 인식하지 못한다. 내가 처해 있는 단계를 명확하게 인식하자. 내가 2단계에 있다면 그 다음은 절대 5단계가 아니다. 3단계다. 그리고 4단계, 5단계 차례대로 올라가야 한다. 하지만 2단계에서 3단계를 겪으면 사람들은 많은 노력을 했는데도 불구하고 별로 달라지지 않은 내 상황을 보고 좌절하고 '난 안돼'라며 포기한다.

가파른 언덕을 직선으로 올라가려고 하면 당연히 힘들다. 포기하고 싶어진다. 하지만 둘레 길을 따라가면 시간이 오래 걸릴지언정 나도 모르는 사이에 점점 정상에 가까워지고 있다. 시간이 오래 걸린다고 두려워하지 말자. 사람들은 1년의 힘은 과대평가 하지만 10년, 20년의 힘은 과소평가한다. 내가 목표를 달성하러 나아가는 순간의 변화가 느껴지지 않더라도 묵묵히 걸어갔다면 어느 덧 뒤돌아 봤을 때 커다란 변화가 내 앞에 있음을 느끼게 된다.

몇 년 전 겨울, 여행대학 4기에 참가한 적이 있었다. 여행대학은 여행을 직업으로 삼는 사람들이 모여 만든 하나의 교육 단체다. 세 달이라는 기간 동안 다양한 멘토가 강연을 진행하고, 같이 여행을 가기도 하는 등 다양한 프로젝트를 진행했다. 내게 이 시기는 자신의 꿈을 이루기 위해 묵묵히 걸어가는 사람들과 많은 이야기를 나눌 수 있는 소중한 시간이었다. 나는 이들에게 공통적으로 한 가지 궁금한 것이 있었다. '하고 싶은 일을 하고 있는 사람들, 자신의 꿈을 이루기 위해 살아가는 사람들은 그 과정이 불안하고 힘들지 않을까?'

난 그들과 모인 자리에서 기회가 되면 항상 물었다. 그들의 대답은 하나 같이 똑같았다. 그들도 매일 불안하고 걱정이 되며 힘들다고 했다. 그럼에도 불구하고 지금 하는 일을 하면서 행복하다고 했다. 그리고 자신들이 만들어가고 있는 인생에 대한 자부심이 있었다. 누구나 목표를 이루기 위해서는 외롭고 힘든 시간을 견뎌낸다. 앞으로 나아가는 길이 나 혼자만 힘들지 않다. 작게 나누어진 현실적인 목표를 이루면서 작은 성공을 경험하자. 이 길이 내가 앞으로 나아가는 가장 빠른 길이다.

나를 구속하는 '완벽주의'

목표 달성에 실패하는 세 번째 이유는 완벽주의다. 현대인은 수많은 일에 둘러싸여 있다. 동시다발적으로 해결해야 할 다양한 문제들이 눈앞에 나타난다. 학생이라면 성적 관리, 대외 활동, 어학 점수, 인턴, 봉사 등 요즘 세상에서 뭐 하나라도 포기하기 어려운 목표들이 기다리고 있다. 직장인은 더하다. 기획서, 보고서, 업무 미팅, 자기계발, 승진 시험 등 학생 때보다 나을 게 없다.

이렇게 많은 일을 모두 완벽하게 해내려고 하면 어떻게 될까? 당연히 매우 고통스러운 시간을 보내게 된다. 고통을 넘어 오히려 포기하게 될지도 모른다. 다음날 세 과목을 시험봐야 하는데, 한 과목을 완벽하게 준비하려다 지쳐 나머지 두 과목은 준비도 못하고 시험을 보게 되는 경우다.

어쩔 수 없이 짧은 시간에 여러 목표를 해결해야 하는 상황이라면 완벽하게 해내야 한다는 생각 자체를 내려놓자. 100퍼센트가 아니라 80퍼센트의 완성도로 모든 과제를 끝맺는 게 우선이다. 한 과목에서 90점 맞고 나머지 두 과목을 50점씩 맞는 것보다 세 과목 에서 80점씩 맞는 것이 훨씬 더 효율적이다. 또한 지치지 않고 목표를 달성할 수 있게 해주는 비결이다.

한 번에 불태우다 지쳐서 나가떨어지는 것보다 꾸준하게 하는 사람이 살아남는다. 물론 120퍼센트의 성과를 만들어야 하는 순간은 분명히 온다. 그때는 그동안 비축했던 에너지를 이용해 120퍼센트의 성과를 달성하도록 하고, 지금은 일단의 과제를 마무리하도록 하자.

지금까지 우리가 목표 달성에 실패하는 이유 세 가지를 알아봤다. 그런데 가장 중요한 이야기가 남았다. 그건 바로 행동하는 것이다. 우리가 생각정리를 하고 세부적인 계획을 세우는 이유는 '행동'하기 위해서다. 자신의 현재 상황을 파악하여 목표를 세부적으로 계획하고 내가 지금 첫 번째로 해야할 행동을 알 수 있다면 절반은 달성했다. 나머지 절반은 행동에서 나온다. 첫 번째 행동을 하는 것만으로도 엄청난 성과를 이루는 발판이 될 수 있다는 걸 꼭 기억하자.

무라카미 하루키가 매일
같은 시각에 잠드는 까닭

새벽 4시 기상, 저녁 9시 취침이라는 약속

매일같이 정해진 시간에 일어나는 것, 출근길 스타벅스에 들려 샷 추가한 라떼를 한 잔 마시는 것, 사랑하는 사람에게 잘 잤냐고 아침 인사를 하는 것. 당신에게도 매일 의식처럼 반복하고 있는 행동이 있는가? 그렇다면 그것이 리추얼ritual이다. 왜 이런 일상적이고 반복적인 행동들을 눈여겨봐야 할까? 그건 우리의 평범한 일상이 누군가에게는 목표를 달성하고 창의적인 발상을 하는 데 수많은 영향을 끼쳤기 때문이다.

리추얼이란 단어를 들어보지 못한 이가 많다. 리추얼은 의식이나 절차 따위를 일컫는 단어다. 주로 종교적인 의미로 사용되고 있으며 정신분석 용어로는 '정형화되거나 강박적으로 반복하는 행동'이라고 풀이할 수 있다. 일반적으로 사용되는 단어가 아닌 만큼 여러 가지 해석이 충분히 가능하다. 나는 리추얼을 창의적인 생각을 하고 원하는 목표를 달성하는 데 꼭 필요한 핵심 요소라고 생각한다.

리추얼은 어째서 원하는 결과를 얻는 데 꼭 필요한 요소인 것일까? 오사마 빈 라덴Osama Bin Laden 체포 작전을 성공적으로 지휘한 것으로 알려진 해군 제독 윌리엄 맥레이븐William McRaven은 최근 텍사스 대학교의 졸업식 연설자로 나서 이슈가 된 바 있다. 그는 연설을 통해 이렇게 이야기했다.

"매일 아침 잠자리를 정돈한다는 건 그날의 첫 번째 과업을 달성했다는 뜻입니다. 작지만 뭔가 해냈다는 성취감이 자존감으로 이어집니다. 그리고 또 다른 일을 해내야겠다는 용기로 발전합니다. 하루를 마무리할 무렵이 되면 아침에 끝마친 간단한 일 하나가 수많은 과업 완료로 바뀌게 됩니다. 그렇게 살아가면서 우리는 깨닫

게 됩니다. 인생에서는 이런 사소한 일들이 얼마나 중
요한지를."

습관과 성공에 대한 도서 《타이탄의 도구들Tools of Titans》
에서 저자인 팀 페리스Tim Ferriss는 최고의 온라인 마케터인
노아 케이건Noah Kagan의 이야기를 다음과 같이 전달하고 있
다. 참고로 케이건은 호텔에 묵을 때조차 손수 침대를 정리한
다고 한다.

"3분 내에 잠자리를 정리하라. 그 이상의 시간을 쏟으면
며칠 하다가 포기하게 된다."

많은 성공한 사람은 잠자리 정리 말고도 의식처럼 행하는
행동을 가지고 있다. 이것이 리추얼이며 강박적으로 반복하
는 행동 유형인 것이다. 조금 다른 유형의 리추얼을 살펴보자
면 유명 작가 무라카미 하루키村上春樹의 사례를 찾아볼 수 있
다. 그는 소설을 쓸 때 매일 새벽 4시에 일어나서 대여섯 시
간을 쉬지 않고 집필했다. 오후에는 달리기나 수영을 하고,
책을 읽고, 음악을 듣는다. 그리고 저녁 9시에 잠자리에 든다.

그는 2004년 미국 문예지 〈파리 리뷰Paris Review〉와의 인터뷰에서 "나는 이런 습관을 매일 별다른 변화를 주지 않고 반복한다. 그러다 보면 반복 자체가 중요한 것이 된다. 반복은 일종의 최면으로 반복 과정에서 나는 최면에 걸린 듯 더 심원한 정신 상태에 이른다"고 말했다. 그는 한 권의 소설을 완성하는데 필요한 시간 동안 이처럼 똑같이 반복되는 습관을 유지하기 위해서는 상당한 정신 수양이 있어야 하고 "체력도 예술적 감성만큼 필요하다"라고 덧붙였다.

무라카미는 《해변의 카프카海邊のカフカ》《1Q84 1Q84》 등 유명한 소설을 쓴 작가다. 그에게 있어서 이런 자기중심적 시간표는 사교적인 삶을 허용하지 않는 단점이 있다. 하지만 그는 자신의 삶에서 결코 등한시할 수 없는 관계가 바로 독자와의 관계라고 확신하며 "내가 늘 앞선 작품보다 더 나은 신작을 발표한다면, 독자들은 내가 어떤 식으로 살든 상관하지 않을 것이다. 소설가로서 내 의무, 또 내가 가장 중요하게 생각해야 할 바는 그것이지 않겠는가?"라고 이야기한다. 그가 가지고 있는 리추얼은 예술가로서 글쓰기에 적합한 행동 패턴을 직접 만들어낸 것이다. 그리고 리추얼을 평생 동안 지키며 본인이 이루고 싶은 가장 중요한 목표를 이뤄냈다. 이렇게 일상

을 통째로 리추얼로 만들어버리는 모습은 특히 예술가의 작업 풍경에서 찾아보기 쉽다.

예술가가 아닌 일반인은 어떠한 리추얼을 가지고 있을까? 많은 사람들이 인식하지 못하고 있을지 모르지만 사실은 다양한 리추얼을 가지고 있다. 몇 년 전에 카페에서 근무할 때 매일 아침 같은 시간에 와서 '아이스 모카'를 주문하던 단골이 있었다. 직장에 다니는 젊은 고객이었는데, 여름에는 날씨가 더우니 차가운 음료를 마시는 게 당연하다고 생각했지만 조금씩 날씨가 추워짐에도 불구하고 꼭 '아이스 모카'를 주문했다. 추운데도 불구하고 왜 차가운 음료를 고집하는지 궁금했다.

하루는 기회가 있어 그에게 물었다. "왜 겨울인데도 차가운 음료를 드시나요?" 그는 살짝 당황하면서 대답했다. "별다른 이유가 있지는 않지만, 매일 아침 차가운 모카를 마시는 게 하루를 시작하게 하는 거 같아요." 이 당시에는 이게 어떤 의미일지 깊게 생각해보지 못했다. 하지만 지금 사람들의 일상을 바라보면 개인이 가지고 있는 리추얼이 깊게 다가온다.

사소하고 반복적인 행동의 힘

처음 리추얼을 알게 되었을 때 리추얼을 의도적으로 만들어낼 수 있을지, 의도적으로 만든 리추얼은 과연 긍정적인 효과가 있을지 궁금했다. 직접 경험했던 사례를 들어보면 리추얼은 의도적으로 만들 수 있으며 그 효과 또한 분명했다. 하지만 의식 차원에서 긍정적인 리추얼을 만들려고 노력했을 때 작심삼일의 문제점 또한 분명히 있었다. 그렇다고 무의식적으로 생기는 리추얼을 통해 긍정적인 효과를 기대하기에는 쉽지 않은 부분이 분명했다.

리추얼을 의도적으로 만들고 싶다는 건 내가 원하는 모습으로 변화하고 싶다는 마음에서 시작된다. 아침에 일찍 일어나 글을 쓰고 싶다거나 탄수화물을 줄여 다이어트를 하고 싶다거나 각자가 원하는 모습은 모두 다를 것이다. 그렇다고 내가 하는 모든 행동을 리추얼이라고 생각해야 하는 건 아니다. 리추얼은 내가 원하는 것을 이루기 위해 몸과 마음을 적합한 상태로 만들어주는 작은 행동이라고 생각하면 된다.

예를 들어 아침에 일찍 일어나서 글을 쓰고 싶다면 아침에 일어나서 잠이 깰 수 있도록 곧바로 커피 한 잔을 내려 책상에 앉아서 시간을 갖는 행동이 내가 원하는 글쓰기를 할 수 있도록 만들어주는 리추얼이 되는 것이다. 결국 리추얼을 통해 원하는 행동을 이끌어내는 원동력을 만들 수 있다. 그럼 효과적으로 리추얼을 만들기 위해서는 어떻게 해야 할까? 몇 가지 규칙을 활용하면 효과적으로 리추얼을 만들 수 있다.

1. 작은 단위의 행동을 리추얼로 만들어야 한다.

리추얼은 행동을 하게 만드는 열쇠이며, 그 문을 열기까지의 역할을 할 뿐이다. 문을 열고 들어가서 발생하는 일은 그 이후의 문제이다. 글쓰기를 하는데 글이 잘 써지지 않는다거나, 공부를 하는데 집중이 잘되지 않을 수도 있다. 하지만 행동을 시작하고 반복하다 보면 내가 원하는 결과를 만들어내게 된다. 그 반복을 위해서 작은 단위의 리추얼을 이용하자.

2. 나에게 맞는 리추얼을 찾기 위해서 반복적인 시도가 필요하다.

개인이 가지고 있는 특성은 모두 다르다. 본인이 원하는 행동을 위한 적합한 리추얼을 찾는 게 중요하다. 다양한 사람의 방법을 간접 체험하고 적용하여 본인의 방법에 맞게 수정하자. 본인이 원하는 결과를 달성한 사람의 리추얼을 주의 깊게 살펴보고 따라서 해보자. 모방을 통해서 자신만의 스타일과 자신만의 리추얼이 만들어진다.

3. 진심으로 원하는 바를 먼저 확인하자.

리추얼이 효과적으로 작동하려면 실제로 내가 원하는 모습과 연결이 되어 있어야 한다. 리추얼은 반복된 의식적인 행동을 통해 무의식적인 습관을 만들어내는 행위다. 내가 진정으로 원하지 않는 행동이라면 리추얼을 만드는 행위 자체가 매우 고통스러울 수 있다.

행동하지 않고
후회하는 삶

"지금 하지 않으면 후회할 거야"

2013년, 대학원을 졸업하고 영국으로 떠나기 얼마 전이었다. 당시 만나던 사람이 나에게 이렇게 물었다. "그냥 가지 말고 평범하게 취업해서 한국에 있으면 안 될까?" 당연히 여러 생각이 들었지만 내 결정은 확고했다. 난 이렇게 대답했다. "나 지금 가지 않으면 마흔 살에 후회할 거야. 그리고 훗날 후회할 때 내가 결정하지 않은 것에 대해서 널 탓하고 싶지 않아." 이렇게 떠난 나의 영국 생활은 행복하기도 했지만 매우 힘든 시간이기도 했다. 하지만 영국에 가는 결정을 한 것에 대해서는 절대로 후회하지 않는다.

내가 행동하는 것에 대해서 중요하게 생각하게 된 계기가 있다. 첫 번째 경험은 중학교 2학년 때의 일이었다. 풋풋하고 어린 나이였다. 이 당시 나는 좋아하는 여학생이 있었다. 오랜 시간 짝을 하면서 친해졌고 주변에서도 잘 어울린다는 이야기를 들었다. 하지만 어렸을 때의 나는 부끄러움이 매우 많았다. 결국은 학년이 바뀔 때까지 좋아한다는 고백을 못했다. 그 친구의 집 주변을 서성거리기도 했었고 겨울방학에는 다른 친구와 이야기하면서 펑펑 울기도 했었다. 지금 생각해보면 '중학생이 뭘 알았을까?'라는 생각이 들지만 그 당시의 나에게는 엄청나게 중요한 문제였다.

이때 느꼈던 감정은 아직까지도 생생하게 기억이 난다. 시간이 지나면서 행동하지 않아서 후회를 남기는 것은 돌이킬 수 없는 더 큰 후회를 남기는구나 하고 생각했다. 물론 이 사건을 경험했다고 크게 달라지지는 않았다. 그냥 마음속으로 '좋아하는 사람이 생기면 차이더라도 고백하자!'라는 생각을 하게 되었고, 이것은 20대 나에게 엄청난 도움이 되었다.

두 번째는 열아홉 고등학교 3학년 시절에 겪었던 일이다.

고등학생 시절 가정 형편이 매우 좋지 않았다. 워낙 흔한 스토리지만, 고등학교 2학년 때 아버지의 사업 실패로 집이 경매에 넘어갔다. 부모님은 이혼하셨고 어머니와 나 그리고 형은 보증금 2천만 원에 월세 30만 원인 방에서 살게 되었다. 상가 건물이었는데 3층 철문을 열고 들어가면 베란다가 있고 이어서 집으로 연결되는 구조가 지금도 생생하다.

당시 내게 이런 가정 형편은 큰 문제가 되지 않았지만, 어쨌든 이를 핑계로 나는 공부를 잘하지 못하는 학생이 되었다. 그냥 평범하고 무난했던 학생에서 공부를 하나도 하지 않는 학생으로 변해버렸다. 고3 수업 시간에는 잠을 자기 일쑤였고 성적은 곤두박질치기 시작했다. 이 당시에 나는 대학을 꼭 가야 한다고 생각하지 않았다. 공부를 왜 해야 하는지도 몰랐고 어린 마음에 '어떻게든 되겠지'라고 생각했다. 그리고 내가 공부하지 않는다고 해서 후회할 거라 생각하지 않았다.

그런데 수능 시험을 한 달 앞둔 어느 날이었다. 독서실에 멍하니 앉아 있었는데, 무슨 마음이었는지 엄청난 후회가 폭풍처럼 밀려왔다. 같이 독서실을 다니던 친구를 붙잡고 한 시간을 펑펑 울었다. 다가올 시간이 무서웠던 것 같다. 그러나 겨우 한 달 남겨둔 시점에서 후회했다고 달라질 게 있을까?

당연히 아무것도 바뀌지 않았다.

　서른 번의 낮과 밤은 순식간에 흘러갔고 어느덧 수능 당일, 시험을 마치고 학교 교문을 지나 언덕을 내려오고 있었다. 기분이 이상했다. 내가 그렇게 스트레스 받고, 힘들어했던 수능 시험이 너무나 허무하게 끝나버린 느낌이었다. 그리고 이런 생각이 들었다. '아무리 힘들어도 시간이 가는구나. 지나가버리는 감정에 휩싸여 행동하지 않을 이유가 전혀 없구나.'

　그 뒤로 내가 사고하고 행동하는 방식은 완전히 달라졌다. 고등학교 때까지는 용기가 없어 반장, 부반장을 해본 적이 없었다. 부끄러웠고 무서웠다. 하지만 달라지고 싶었다. 나를 변화시키기 위해 첫 번째로 한 행동은 대학에 입학하기 전 2천여 명이 넘게 모인 오리엔테이션에서 참석했을 때 일어났다. 행사를 진행하는 사회자가 손을 들면 상품권을 주겠다고 했다. 손을 들고 싶었다. 고민했다. 기존의 나였으면 손을 들지 못했을 것이다. 그런데 이제는 후회하고 싶지 않았다. 용기를 내서 손을 들었다. 그리고 무대에 올라갔다.

　사회자와 이런저런 이야기를 주고받았다. 그리고서 나는 수천 명 앞에서 노래를 부르고 있었다. 무슨 용기였던지 나도 잘 모르겠다. 원래 노래하는 걸 좋아했지만, 아무런 준비도 없이 그렇게 많은 사람들 앞에서 노래 한다는 건 불가능한 일이라고 생각했었다. 지금 생각해봐도 앞이 잘 보이지 않았고 가사는 틀렸다. 하지만 끝나고 내려왔을 때 아무 것도 달라지는 건 없었다. 이제부터는 행동하지 않아서 후회하는 일은 없도록 하겠다고 마음속으로 다짐했다.

나를 바꾸거나, 세상을 바꾸거나

그 뒤로 많은 것들이 변했다. 내가 다녔던 대학은 1반, 2반, 3반으로 학생들을 나누어 함께 수업을 듣는 형태로 이루어져 있어서 반장이라는 역할이 필요했다. 반장은 투표로 뽑았기에 몇몇 학생들이 후보로 지원했다. 나도 지원했다. 그리고 나를 소개하면서 오리엔테이션에서 노래 부른 사람이라고 어필했다. 아무런 정보도 없었던 상황에서 나를 봤던 학생들은 내가 소심하다는 사실을 알 수 없었고 난 반장이 되었다. 그 뒤로 모든 일에 내가 하겠다고, 할 수 있다고 대답했다.

그 뒤로 시간이 흘러 난 한 대학에서 MBA 과정을 졸업했고, 졸업할 때는 45학점 전부 A+를 받았다. 대학과 대학원 시절을 생각하면 난 언제나 막내였고 분위기 메이커였다. 레크리에이션 진행을 한 번도 해본 적이 없지만 할 수 있냐고 물어보면 할 수 있다고 대답했다. 그리고 준비해서 진행했다. 모든 행사의 사회를 담당했고 150명이 넘는 인원의 대학원 총 체육대회를 기획해서 성공적으로 끝마치기도 했다. 한 번도 해본 적 없는 일이었지만 할 수 있다고 믿었고, 부족한 부분은 감사하게도 주변 사람들의 도움으로 해결했다.

행동하지 않아서 후회했던 고등학교 시절 느꼈던 비참한 감정이 후회보다는 행동하는 삶을 선택하게 했다. 물론 그 이후 모든 일에 완벽한 건 아니었다. 한때 나의 삶에는 목표도 행동도 없었다. 다행인 사실은 이럴 때마다 다시 느끼게 된 비참함이 나를 행동하게 만들었다는 점이다. 이제부터 후회하지 않고 행동하고 싶다면 자신이 비참함을 느꼈던 순간을 떠올려보자. 그리고 그 감정을 다시는 느끼고 싶지 않다고 다짐하자. 그리고 행동하자. 행동하지 않으면 모든 계획과 목표는 망상일 뿐 절대 현실이 되지 않는다.

생각정리를 통해서 내가 원하는 목표를 달성하고 원하는 모습으로 변하고 싶은가? 그럼 내 마음을 먼저 정리하자. 그리고 생각을 글로 표현하고, 논리적으로 사고하자. 목표를 세우기 위해서는 자신의 현재 상황을 파악하고 나서 구체적으로 목표를 세우자. 그리고 행동하자. 계속해서 반복되는 이런 상황이 새로운 상황을 만들어준다고 확신하자. 앞으로 나아가는 길에 수없이 많은 실패를 경험하겠지만 이제부터 실패는 피드백이다. 실패를 보완해서 앞으로 나아갈 수 있는 양질의 피드백이다.

인종차별로 힘든 시간을 보낸 시인이자 인권운동가인 마야 안젤루Maya Angelou는 2011년 미국 대통령에게 자유훈장을 받았다. 그의 어린 시절은 말할 수 없을 정도로 깊은 고난의 연속이었다. 그의 베스트셀러 《새장에 갇힌 새가 왜 노래하는지 나는 아네I Know Why the Caged Bird Sings》를 통해 자신이 경험해야 했던 인종차별과 그로 인한 상처를 진솔하게 이야기했다. 이 책은 미국에서 2년 연속 베스트셀러로 올랐고, 미국 청소년의 필독서가 되었다. 안젤루는 흑인과 여성, 그리고 빈곤이라는 새장에 갇힌 새였지만 희망을 잃지 않고 마지막까지 정의와 교육, 인권을 위해 헌신한 사람이었다. 그는 이런 명언을 남겼다.

"If you don't like something, change it. If you can't

change it, change your attitude(당신이 좋아하지 않는 것이 있다면 바꿔라. 만약 그것을 바꿀 수 없다면 당신의 태도를 바꿔라)."

나는 왜
선택이 어려울까?

시간은 직선으로 흐른다

세계적인 동기부여 연설가이자 변화심리학자인 앤서리 라빈스anthony robbins, 최근에는 토니 라빈스(Tony Robbins)라는 이름으로 활동는 자신의 저서에서 '나이아가라 증후군'이라는 용어를 설명한다. 그는 우리의 인생을 강물에 비유했는데, 사람들이 때로는 아무런 준비도 없이 흘러가는 강물에 뛰어들어 몸을 맡기듯이 삶을 산다는 것이다. 갈림길에서 어디로 갈지 준비도 하지 않은 채, 마냥 흘러가는 사람들과 마찬가지로 어영부영

지내다가 갑자기 커다란 폭포를 만나게 된다. 하지만 이미 눈앞까지 온 폭포를 피할 수 없어 그대로 추락해버리고 만다는 것이다.

1990년대에 방영된 유명 TV 프로그램 〈인생극장〉을 기억하는가? 개그맨 이휘재가 출연하여 특정 상황에서 어떤 선택을 하는지에 따른 두 가지의 결과를 보여주는 프로그램이었는데 '그래, 결심했어!'라는 유행어와 함께 엄청난 인기를 누렸다. 인생에서 경험하고 있는 모든 것은 우리가 내린 선택의 결과라는 사실을 잘 표현한 예능이었다.

하지만 실제 인생은 이 예능처럼 다시 선택할 수 없다. 한번 결정한 결과가 인생의 방향을 결정하는 것이다. 이는 결정에 있어서 엄청난 부담감을 느끼게 한다. 이러한 부담감은 결국 앤서니 라빈스가 이야기하는 '나이아가라 증후군'으로 이어진다.

인생에 대한 선택이라고 하면 중요한 결정을 내리는 순간을 상상하게 된다. 하지만 인생은 일상에서 경험하는 소소한 선택의 순간들의 집합체다. 밤 11시 야식이 먹고 싶어졌다고 상상해보자. 핸드폰을 붙잡고 치킨을 주문할까 말까 고민한다. 왜 고민하게 될까? 그날 아침 바지를 입다가 살이

쪄서 꽉 끼는 경험 때문에 다이어트를 해야겠다고 결심했을 수도 있다. 아니면 이번 달 지출이 너무 많아 돈을 아껴야겠다고 다짐했을 수도 있다. 수많은 요소들이 우리의 결정을 힘들게 만든다.

이뿐일까? 어떠한 자동차를 사야 할지, 대학의 전공은 무엇으로 해야 할지, 취업을 위해서 자격증을 따야 할지, 토익을 공부해야 할지, 이직을 해야 할지, 퇴사를 해야 할지, 유튜브를 시작해야 할지 등 사람들을 괴롭히는 고민은 셀 수 없이 많다.

영화 〈해리 포터와 아즈카반의 죄수〉를 보면 헤르미온느가 시간을 되돌리는 시계를 사용하여 자신이 동시에 들을 수 없는 수업을 듣는 장면이 나온다. 헤르미온느는 지식에 욕심이 많았기에 하나라도 포기하고 싶지 않았다. 마법의 힘을 빌려 여러 가지 가능성을 선택하는 것이다. 하지만 이는 판타지 영화이기 때문에 가능하다는 것을 누구나 알고 있다.

인간이 경험하는 시간은 직선으로 흘러간다. 영화에서는 과거의 헤르미온느와 미래의 헤르미온느가 동시간대에 존재하는 것으로 나오지만, 이처럼 시간을 병렬 구조로 사용하는 것은 불가능하다. 직선의 시간을 사용하는 상황에서 우리의 선택은 경제적 논리를 따르게 된다. 결국 한 가지를 선택하면 다른 하나를 포기해야 하는 상황에 마주하게 되는 것이다. 여기서 경제학 용어를 빌려오자면 '기회비용'이 선택에 지대한 영향을 끼치게 된다.

기회비용이란 간단히 숫자로 보면 이해가 쉽다. 편의점에서 아르바이트를 하는 A가 있다. A는 어느 쉬는 날 점주에게 연락을 받았다. 급하게 2시간만 근무를 해달라는 요청이었다. 사장은 기본 시급의 두 배인 시간당 2만 원을 주겠다고 했다. 하지만 A는 마침 그 시간에 정말 보고 싶었던 영화를 예매해놓은 상황이었다. 애석하게도 그 영화를 영화관에서 볼 수 있는 마지막 기회였다. A는 짧은 시간 동안 두 배의 시급을 벌 수 있는 상황과 영화를 보는 상황을 두고 고민했다. 결국 A는 영화를 선택했다. 하지만 A가 본 영화는 너무나 재미가 없었다. A는 '영화 보지 말고 2시간 동안 일할 걸'이라고 후회했다. 이때 A가 잃은 기회비용은 4만 원이었다.

기회비용에 대한 후회는 선택과 결정에 주저함을 만든다. '혹시 이번에도 내 선택이 잘못되었으면 어떻게 하지?' '뭐가 좋은지 모르겠어. 어떻게 해야 할지 결정하기 어려워.' 이와 같은 생각들은 선택과 결정을 계속해서 미루게 만들고 결국 포기하거나 타인에게 맡기게 만들기도 한다. 대학 전공을 고를 때를 생각해보자. 많은 수험생은 자신이 무엇이 하고 싶은지 알지 못한다. 이 전공을 고르자니 취업률이 걱정되고, 다른 전공을 고르자니 잘할 수 있을지 걱정된다. 그럴 때 사람들은 남들이 좋다고 하는 것, 취업이 보장된다고 하는 것을 기준삼아 결정하고는 한다. 이는 자신의 인생에 대한 기회비용을 날려버리는 것이다.

선택의 순간, 기회비용 계산하기

그렇다면 내가 선택해야 하는 보기를 숫자로 치환해서 기회비용을 따져보면 어떨까? 그래서 이득이 큰 쪽으로 결정하면 후회가 없을까? 실제로 많은 자기계발서나 결정에 관련된 조언을 보면 자신만의 선택 기준을 정하고 기준별로 점수를 매겨서 이득이 큰 쪽을 고르는 방법을 추천한다. 모든 기준이 같은 비중으로 계산되는 것이 아니고, 자신의 중요도에 따라 가중치를 두어 최종 점수를 책정하면 자신이 가장 큰 이익과 만족감을 얻을 수 있는 선택을 할 수 있게 되는 것이다.

집을 구매 하는데 A와 B라는 두 집을 두고 고민하고 있다고 상상해보자. 두 집의 가격은 우연히도 같았다. 그럼 나머지 조건을 가지고 비교해야 하는데, 집을 구매하는 데 있어서 내가 신경 쓰는 요소는 '교통 편리성, 집의 크기, 교육 환경, 주변 편의시설' 네 가지다. 그럼 나는 네 가지 요소만 놓고 고민하면 된다. 그런데 교통 편의성은 B가 좋은데, 교육 환경은 A가 좋다면 문제가 생긴다. 교통과 교육 중 무엇을 골라야 할지 알 수 없기 때문이다. 그래서 표를 그려 중요도를 설정해야 한다. 각각의 요소별로 점수를 매긴 후 중요도를 곱해서 최종 점수를 계산하는 방법을 사용하는 것이다.

중요도를 이용한 선택의 예시

집 구매 결정 요인	중요도 (만족도)	A집 (1~10점)	A안 최종 점수	B집 (1~10점)	B안 최종 점수
교통 편리성	5	6	30	9	45
집의 크기	3	5	15	5	15
교육 환경	4	9	36	7	28
주변 편의시설	2	6	12	5	10
최종 점수		26	93	26	98

이렇게 A 집과 B 집의 점수는 가중치 반영 전에는 26점으로 동일하다. 하지만 중요도를 곱하면 B 집의 점수가 5점 높아진다. 이 결과를 따르면 B 집을 선택하는 것이 이득이 되는 결정이다.

　이렇게 내가 결정을 내릴 때 고려하는 요소를 수치화해서 경제적으로 결정하면 결정이 쉬워진다. 그런데 문제가 발생한다. 집 구매와 같은 문제가 아니라 대학의 전공이나 퇴사를 결정하는 상황이라면 고려해야 할 요인을 정하기가 매우 어려울 뿐더러, 그에 따른 중요도를 정하는 것이 너무나 어렵다. 미래의 일을 예상하는 것이므로 언제든지 상황이 변할 수 있기 때문이다.

　나에게 바로 이런 문제가 발생한 적이 있다. 어느 날, 내가 관심 있는 분야인 마케팅에 대한 10개월짜리 교육 과정이 눈에 들어왔다. 브랜드 컨설팅 회사의 대표 세 명이 함께 진행하는 과정이었는데, 그중 한 명은 오래 전부터 좋아하던 분이라 그 강의가 너무나 듣고 싶었다. 그런데 수강료가 무려 300만 원이었고 10개월이라는 시간을 투자해야 하는 상황에서 고민이 되기 시작했다. 이 코스를 듣는 것이 좋을지 아니면 듣지 않는 것이 좋을지 결정을 내리기가 너무 힘들었다.

위에 설명한 대로 여러 가지 요소들을 늘어놓고 다 비교해 봤지만, 한 번은 듣는 것이 좋게 나오고, 한 번은 안 듣는 것이 좋게 나왔다. 내 감정에 따라 기준이 계속 변했다. 여러 사람에게 조언을 구하기도 했지만 2주 동안이나 결정을 내리지 못했다. 결국은 '듣고 싶은 강의는 들어야 하지 않을까' 하는 생각에 수강하기로 마음의 결정을 내렸다.

그런데 한숨 자고 일어나니 마음이 너무나 평온해지면서 듣지 않아야겠다는 생각이 강렬하게 들었다. 더 이상 고민 할 것도 없었다. 내가 하고 싶은 일에 이 수업이 당장 필요하지 않다는 결정이었다.

수치를 활용한 계산법은 분명히 결정을 내리는 데 도움이 된다. 그런데 그 수치 계산법이 효과를 발휘하려면 먼저 내 생각이 분명하게 정리되어 있어야 한다. 생각정리라는 것에는 정확히 무엇을 할 것인지에 대해서 목표를 정하고, 자료를 모으고, 효과적으로 분류해서 재배열한 정보 중 무엇을 가장 먼저 할 것인가를 결정하는 논리적인 활동이 포함된다. 이뿐만 아니라 내 인생에서 우선하는 가치와 목표를 정리하는 '마음정리' 역시 생각정리에 속한다.

결국 마음을 정리하지 못하면 결정을 내리는 데 있어서 기준이 계속해서 흔들리게 된다. 내게 필요한 가치의 우선순위를 정리하고, 내 인생을 살아가는 데 있어서 내가 나아가고 싶은 인생의 방향성이 정해져 있다면, 당장의 수치적인 이익보다도 더 큰 미래를 위해서 무언가를 포기해야 하는 순간이 분명히 생기는 것이다.

내 의견에 무조건 반대할
'레드팀'을 고용하라

나는 나를 설득하기 위한 전담 마케터

사람들을 행동하게 만드는 데 전문가인 사람들이 있다. 그들은 사람들이 결정을 내리지 못해서 고민하고 있을 때 옆에서 빨리 결정을 내리라고 자극한다. 그들은 사람들의 감정을 흔들기 위해서 자극적인 문구, 감동적인 문구를 사용하고, 각종 통계 데이터와 화려한 영상까지 모든 것들을 동원한다. 한 번 시도했는데 사람들이 반응하지 않는다고 해서 그들은 절대 포기하지 않는다. 꾸준하게 다양한 방법을 동원해서 사람들이 결정을 내리게 설득하고 또 설득한다.

그들은 누구일까? 예상했을지도 모르겠지만 바로 '마케터'다. 영어 공부라는 시장을 예로 들어보자. 이 분야는 경쟁이 엄청나게 치열하기 때문에 광고도 열심히 하는 편이다. 지하철 플랫폼 스크린보드에 한 업체의 광고가 도배되듯이 깔리면 그 모습을 본 사람들은 해당 업체를 기억하기 시작한다. 그리고 그 업체의 마케터들은 온라인과 오프라인을 가리지 않고 '나도 영어 공부해야 하는데'라는 생각이 들도록 계속해서 자극한다.

기업은 생존하기 위해서 끊임없이 움직이고 사람들을 설득한다. 그렇지 않으면 생존이 위험해지기 때문이다. 하지만 개인의 행동은 기업의 행동만큼 적극적이지 않다. 가끔은 아무런 행동도 하지 않는다. 개인적으로 사람들의 고민을 상담해주다가 깜짝 놀라곤 한다. 그들은 무언가를 하고 싶거나, 무언가를 결정하기 위해서 고민하고 있지만 자기 자신을 설득하기 위해서 아무런 행동도 하지 않고 있었기 때문이다.

한 남자가 다이어트를 하려고 결심했다고 가정해보자. 그는 매일 아침 달리기를 하려고 마음먹었고, 군것질을 줄이고 먹는 양도 줄여야겠다고 다짐했다. 그런데 막상 다음날 아침,

달리기를 하려는 시간에 알람을 듣고 일어나니 귀찮음이 느껴져 다시 자버렸다. 그리고 회사에서는 아무렇지도 않게 기존처럼 군것질을 했고, 저녁에는 친구들과 맥주를 마셨다. 다시 집으로 돌아온 저녁, 그는 '내일은 아침에 꼭 달리기를 하고 군것질을 줄여야지'라고 되새기며 잠이 든다. 하지만 다음날도 그 다음날도 남자는 달리기를 하지 못한다. 이 남자는 행동하기 위해서 자신을 설득하지도 않았고, 아무런 준비도 하지 않았다. 다들 경험해서 알고 있을 테지만 인간의 의지력은 그다지 강력하지 않다.

그럼 이 남자는 자신을 설득하기 위해서 어떻게 해야 할까? 내가 나만을 위한 마케터라고 생각하고 자신에게 마케팅을 펼쳐야 한다. 남자는 아침에 일어나자마자 귀찮음을 이겨내고 밖으로 나갈 수 있도록 운동복을 입고 자는 방법으로 자신을 설득할 수 있다. 자신에게 맞는 식단을 찾기 위해서 관련 다큐멘터리를 찾아보는 등 다양한 방법으로 자신이 행동하도록 자극해야 한다.

자신을 설득하기 위해서는 정보를 습득하는 것에 소홀해지면 안 된다. 인생에서 후회하지 않는 선택이란 없다. 하지만 조금이라도 덜 후회하려면 선택과 결정을 위한 양질의 정보를 가지고 있어야 한다. 정보는 기업의 흥망성쇠를 결정하는 중요한 요소인 것처럼, 개인의 인생을 살아가는 데 있어서도 가장 중요한 요소 중 한 가지다.

알고 있는 정보만으로 결정하지 마라

하지만 정보는 언제나 평등하지 않다. 특히 사람들이 잘 모르는 분야의 경우 정보 격차는 더욱 심해진다. 중고차를 구매한다고 생각해보자. 일반적인 사람들은 차의 성능이나 과거에 고장났던 사실의 여부, 부품의 상태 등을 판단할 수 있는 능력이 없다. 누군가가 300만 원의 가치를 가지고 있는 자동차를 1천만 원에 속여서 판다고 한다면 상대가 제공하는 정보가 올바른지 아닌지 파악할 수 없다. 이는 개인이 하고 있는 모든 행동과 연관이 되어 있다. 하지만 개인적인 고민에 빠져 있다고 생각하는 사람들은 자신이 가지고 있는 정보의 한계에 대해서는 인지하지 못한다.

한 대학생이 졸업을 앞두고 있다. 그는 취업을 해야 하는데 한국이 아니라 해외에서 일하고 싶다는 생각을 품고 있었다. 하지만 막상 해외에서 취업을 하려니 어떻게 해야 할지도 모르겠고 혼자서 생활해야 한다는 사실에 온통 걱정만 앞섰다. 그러다보니 한국에서의 취업과 외국에서의 취업 중 어느 한 쪽도 확실히 선택하지 못한 채 시간만 흘러갔다. 주변에서 친구들은 '어쨌든 마음먹고 골라야 하지 않겠냐'고 물었지만 당사자는 여전히 고민하고 있다며 결정을 미루기만 했다. 이 학생은 자신이 결정을 내리지 못하고 있는 원인이 자신의 마음가짐 때문이라고만 생각했다. 그리고 몇 달간 끝없는 고민만 하고 있었다.

이 학생의 문제는 무엇일까? 그는 자신이 가지고 있는 정보 속에서만 결정을 하려고 했다. 자기 자신을 설득하기 위해서 아무런 행동도 하지 않았던 것이다. 머릿속에 있는 정보들이 망상일수도 있는데, 실제 취업 시장에는 어떠한 문제가 있는지 제대로 알지도 못했다. 다행히 몇 달 뒤, 지켜보다 못한 친구가 해외에서 취업한 자신의 친구를 소개해줬다. 이 학생은 해외에서 취업해 일하고 있는 다른 친구와 이야기를 나누면서 나도 할 수 있겠다는 생각을 가지게 되었다. 친구에게 들은 커뮤니티를 통해서 정보를 수집했고 다양한 사람들과 상담을 진행했다. 결국 이 학생은 해외 취업에 성공했다.

나 자신을 설득하기 위해서 정보를 수집하는 방법은 다양하다. 첫 번째는 자신이 직접 경험하는 것이다. 중요한 결정을 앞두고서는 짧게라도 직접 경험해보는 것이 엄청난 도움이 된다. 외식업을 창업하려는 사람들 중 외식업체에서 일도 해보지 않고 창업하는 사람들이 생각보다 많다. 해외에서 장기간 체류하고 싶은데 무섭다면 한두 달이라도 짧게 계획해서 살아보자. 추가 비용이 들겠지만 경험하지 않고 살았다가 후회하는 것보다는 이득이다. 또한 퇴사를 하고 새로운 일을 하고 싶다면, 무작정 퇴사하지 말고 남는 시간을 투자해서 미리 경험해보자. 무작정 퇴사했다가 막상 내가 계획했던 일이 나와 맞지 않으면 그때의 타격은 너무 크다.

두 번째 방법은 책과 사람을 통해서 정보를 얻는 것이다. 모든 것을 경험을 통해서 알 수 있다면 그보다 확실한 방법은 없겠지만, 살아가면서 모든 일을 다 해본다는 것은 불가능하다. 그렇다면 미리 경험해본 사람들의 조언을 통해 정보를 습득할 수 있다. 새로운 일에 도전하고 싶다면 그와 관련된 책 두세 권을 읽어보자. 책 몇 권으로는 부족한 점도 많겠지만 이 정도의 노력마저 없다면 새로운 것을 시작한다 하더라도 성과를 내기란 쉽지 않다. 관련된 책으로 부족하다면 관련된 사람을 만나보자. 관련된 사람을 만나기 위해서 책보다 훨씬 더 큰 노력이 필요하겠지만 만나서 직접 듣는 이야기는 훨씬 더 가치 있는 정보를 얻는데 유용하다.

세 번째는 영상 정보를 활용하자. 이제는 세상은 유튜브와 같은 영상의 시대로 변해가고 있다. 책을 읽는 인구보다 유튜브를 보는 사람이 훨씬 더 많을 것이다. 살아가면서 궁금한 거의 모든 것들이 유튜브에 올라와 있다고 해도 과언이 아니다. 물론 유튜브 콘텐츠는 개인이 만들어서 올리는 것이기 때문에 정보를 받아들일 때 주의해야 한다는 단점이 있다.

이제 어느 정도 정보가 모였다면 자신이 선택하고 결정하는 일이 조금 더 수월해질 것이다. 하지만 아직도 어떻게 해야 할지 고민된다면 이번에는 나만의 '레드팀'을 만들어보자. 레드팀은 회의 기술 중 한 가지인데, 내가 어떠한 아이디어를 제시했을 때 그 아이디어에 대한 부정적인 의견만 제시하는 팀이다. 부정적인 아이디어를 듣고 반박함으로써 내가 놓치고 있는 부분을 깨닫고 개선점을 찾아나가는 방식이다. 이를 인생에도 적용해보자.

중요한 결정을 앞두고 있을 때 의견을 구할 사람을 여섯 명만 찾아보라. 부모님, 친구, 선생님, 가족 등 누구든지 상관없다. 그들에게 내 상황을 설명하면서 세 명에게는 그냥 의견을 들어본다. 그리고 나머지 세 명에게는 반대하는 입장에서 조언을 부탁해보자. 인원이 몇 명이어야 한다며 특정 지을 필요는 없지만, 자신이 물어보고 싶은 사람이 있다면 그들에게 충분히 물어보아야 한다. 중요한 것은 조언자 중 몇 명은 꼭 반대하는 입장에서 말하도록 부탁하는 것이다. 이러한 레드팀의 검증을 받음으로써 내가 가지고 있는 정보가 충분한지, 도움이 되는 정보인지, 내가 결정을 내리기에 부족한 부분은 없는지를 찾아갈 수 있다.

결정장애에 걸린
'메이비^{maybe} 세대'

메뉴를 물으면 '아무거나'라고 답하는 사람

2019년 1월 1일, 파주의 한 카페에서 2018년을 정리했다. 구글 포토에 저장되어 있는 사진을 돌아보며 1월부터 12월까지 어떠한 일들이 있었는지 살펴보면서 간단하게 글로 적었다. 그리고 새로운 10년에 대한 계획을 구상했다.

앞으로 어떤 일들이 벌어질까 생각을 정리하며 향후 10년을 위해 뽑은 나의 표제어는 'Farmer's Dream', 우리말로 농부의 꿈이었다. 물론 진짜 농부가 되겠다는 것은 아니다. 농부는 일정한 사이클에 따라서 농사를 짓는다. 땅을 갈고, 씨앗을 뿌리고, 물을 주고, 잡초를 뽑고, 수확하고, 가공하고, 판매하고, 다시 땅을 간다. 하지만 씨앗을 뿌리고 물을 주고 정성을 다한다고 해서 결과물의 양과 상태를 내 마음대로 결정할 수 없다. 홍수나 가뭄 같은 자연재해와 외부환경이 어떻게 달라질지 모르기 때문이다.

하지만 농부는 변화해가는 자연환경에 대응하기 위해서 끊임없이 노력한다. 그리고 최상의 결과를 만들어내기 위해서 노력한다. 나는 나의 10년도 이와 같다고 생각했다. 내가 원하는 목표를 달성하기 위해서 열심히 씨앗을 뿌리고 물을 준다. 잡초도 뽑아주고, 온도도 조절해준다.

그러나 내 마음대로 되지 않는 외부환경이 너무나 많다. 어쩔 수 없다. 하지만 그에 굴하지 않고 해결하기 위해 노력한다. 그리고 최상의 결과물을 얻을 때까지 노력한다. 내 10년을 '농부의 꿈'이라고 이름 붙인 이유다.

세상이 어떻게 바뀔지도 모르고 당장 내일 무슨 일이 생길지도 모르는데 10년 계획이 무슨 필요가 있냐고 말하는 사람들도 있다. 하지만 계획을 세운다는 것은 무조건 그 계획대로만 살겠다는 이야기가 아니다. 계획이란 내가 앞으로 나아갈

지도를 그리는 일이다.

장기계획은 먼 미래에 보이지 않는 내 모습을 최대한 상상할 수 있도록 만드는 데 목적이 있다. 그리고 매년, 매달, 매일 계획을 통해서 변화에 대응하고 목표를 달성할 수 있도록 나아간다. 매일매일 체계적으로 살 수 있겠냐고 물어보면 솔직히 그렇지 않다. 게을러 질수도 있고, 포기하고 싶을 때도 있고, 나 자신을 믿지 못할 수도 있다. 하지만 내가 흔들릴 때 장기계획이 다시 나를 제자리로 돌아올 수 있도록 한다.

나는 인생에서 중요한 결정을 내리고, 선택을 위해서 계속하여 생각을 정리하고, 나 스스로의 마음정리를 위해서 끊임없이 질문한다. 그리고 가능한 범위로 사람들에게 공개한다. 공개함으로써 내가 결정한 선택에 대한 보이지 않는 구속력을 만든다. 그 구속력이란 바로 책임이다. 내가 아무리 멋들어진 계획을 세웠다 한들 나 스스로와의 약속을 지키지 않고, 내 말과 행동에 책임을 지지 않는다면 그 계획은 망상에 불가하다.

그런데 흔히 결정장애라고 부르는 증상을 겪는 사람들은 책임에 익숙하지 않다. 그리고 책임지지 않는다. '뭘 먹을래?'라고 물어봐도 자신이 원하는 메뉴를 고르지 못하고 아무거나 괜찮다고 말한다. 상대방을 배려하는 마음에서 상대가 원하는 메뉴를 먹자는 의미일지도 모르지만, 스스로가 메뉴를 결정하지 못해서 상대방에게 선택을 미루는 경우가 적지 않다.

왜 자꾸 결정을 미룰까? 독일의 한 저널리스트는 젊은 세대 사이에서 결정장애가 늘어나는 현상을 두고 '메이비maybe 세대'라고 표현했다. 메이비 세대를 뇌과학을 통해 분석해보자. 정재승 박사는 한 방송에서 결정장애가 생기는 원인을 세 가지로 꼽았다. 첫 번째는 늘어나는 선택지에 따라 선택하지 않은 것에 대한 미련과 아쉬움이 커지기 때문이다. 두 번째는 선택의 경험이 적다는 것이다. 결핍이 욕망을 불러온다. 즉, 간절히 원해야 선택이 쉽다. 그러나 우리의 현실은 어떠한가? 어릴 적 필요한 건 부모님이 다 마련해주셨다. 그 이후로도 누군가 나 대신 선택해주는 환경에서 살아왔다. 세 번째는 실패하면 끝인 사회에서 찾을 수 있다. 우리에게는 패자부활전이 없다. '헬조선'이란 말이 있을 정도로 너무나 각박한 세상에 살고 있다.

카우아이 섬에서 태어난 833명의 아이

어쩌면 다행이라고 해야 할까? 결정장애의 원인은 우리 자신보다는 환경적 측면에 있었다. 외부환경은 개인이 손쉽게 바꿀 수 없다. 그것보단 수긍과 인정이 쉽고 빠르다. 그러나 수동적으로 받아들이면서 살 수만은 없다. 외부환경을 바꾸기 위해서 내가 기울일 수 있는 노력은 최대로 해야 한다. 누군가는 이런 문제를 해결하는 비즈니스 모델을 구상해 창업을 하는 것도 가능하다. 방법은 너무나 많다. 그러나 이 모든 것들은 자신이 처한 환경을 인정함으로써 가능해진다. 내가 처한 상황을 인정하고 내가 할 수 있는 일을 하는 것이다.

결정장애에서 벗어나기 위해 내 선택에 내가 책임을 지는 연습을 시작해보자. 실패가 두렵다면 실패해도 되는 것부터 차근차근 시작하면 된다. 한 번에 모든 것을 이루려고 하면 목표에 도달하는 것이 불가능하다. 누군가에게 선택을 대신 맡겨왔다면 이제부터는 의식적으로 스스로 선택해보자. 스스로가 선택한 것을 사람들에게 알려서 보이지 않는 구속력을 만들자. 그리고 스스로가 책임지자. 약속하고도 지키지 않는 자신을 보면서 너무 자괴감에 빠지지 말자. 스스로에게 문제가 있는 것이 아니다. 더 구체적으로 계획하고, 자신이 할 수 있는 방법을 찾아보자. 도움을 요청하고 조언을 구하는 것도 좋다. 스스로가 포기하기 전까지는 실패란 존재하지 않는다.

내 선택에 책임을 지려면 본인 스스로를 믿어야 한다. 하지만 남을 믿는 것보다 힘든 게 자기 자신이다. 하지만 누구보다 힘든 상황에서도 스스로를 믿고 결과를 만들어내는 사람들이 있다. 하와이 인근의 섬 카우아이는 영화 〈쥬라기 공원〉의 배경이 될 정도로 아름다운 장소다. 하지만 약 70년 전, 이 섬은 심각한 사회적 문제에 처해 있었다. 너무 많은 사람이 실업자 처지였으며, 알콜 중독자와 도박 중독자가 넘쳐났고, 비행 청소년과 미혼모가 양산되는 등 사회에서 일어날 수 있는 대부분의 문제가 발생하고 있었다.

이 섬에서 한 가지 실험이 진행되었다. 사회적 부적응자를 길러내는 요인을 찾기 위해 1955년 태어나는 아이 833명을 전수 조사한 것이다. 더 확실한 원인을 찾기 위해 그중에서도 열악한 환경에 처해 있는 201명은 따로 연구하였다. 이 실험은 총 40년간 진행된 실험이었다. 가장 열악한 환경에 살고 있는 201명은 당연히 사회적 부적응자가 되리라고 예상했다.

그런데 담당 연구원인 에미 베르너Emmy Werner 박사는 이상한 점을 발견했다. 의문은 한 아이의 사례에서 시작된다.

아이의 엄마는 16살, 아빠는 19살. 아빠는 그나마 금방 군대에 가버렸다. 엄마는 아이를 버리고 섬을 떠났고 제대한 아빠는 매일 할아버지와 싸우기 바빴다. 이런 최악의 가정환경을 가진 이 아이는 예상과 다르게 너무 훌륭한 사람으로 자라 있었다. 스스로에게 자신감 있었고, 미국 수능인 SAT 점수도 높았다. 학생회장으로 리더십도 높았으며 캘리포니아 대학에 장학금을 받고 진학했다.

이 학생만 예외적일 수도 있다는 생각에 다른 아이들의 성장 후 모습도 살펴보았다. 그런데 201명의 고위험군 학생 중 자기효능감이 있고 유능하게 잘 자란 아이들이 72명이나 존재했다. 실험이 시작되고 20년이나 지난 뒤에 발견된 이 결과에 연구자들은 연구 방향을 바꿨다. 도대체 무엇이 이 72명으로 하여금 역경에도 불구하고 버티게 하였을까?

이 아이들은 어떠한 힘든 일에도 불구하고 바닥에 떨어진 고무공처럼 다시 위로 올라간다. 이러한 힘을 '회복탄력성'이라고 이름 붙였다. 그렇다면 이 아이들이 공통적으로 가진 가장 중요한 요소는 무엇이었을까? 바로 인간관계였다. 이 아이들에게는 무슨 일이 있더라도 자신을 전폭적으로 지지해주는 사람이 한 명이라도 존재했다는 것이다. 그 한 사람이 아버지인지, 할아버지인지, 친구나 선생님인지는 중요하지 않았다. 결국 스스로를 믿고, 역경에도 불구하고 위로 올라갈 수 있는 힘의 원천은 나를 믿어주는 단 한 사람으로부터 시작된다.

선택에 대한 책임은 본인 스스로가 져야 한다. 그리고 꾸준히 앞으로 나아갈 수 있는 힘은 '나를 믿어주는 단 한 사람'과의 관계에서 나온다. 나 역시 나를 믿어주는 한 사람의 힘을 절실하게 느낀다. 보이지 않는 목표를 위해 앞으로 나아가다 보면 외롭고 힘들고 불안하다. 하지만 결과와 상관없이 나를 믿어주는 사람이 있기에 포기하지 않고 앞으로 나아가고 있다.

혹시 나는 나를 믿어주는 한 사람이 없다고 생각하고 있는가? 절대 그렇지 않다. 나를 믿어주는 마음은 상대방이 주는 것이지만, 그 마음을 어떻게 받아들일지는 내가 결정하는 것이다. 스스로가 타인의 결과와 상관없이 믿음을 줄 수 있어야, 나를 온전히 믿어주는 타인의 마음을 받아들일 수 있다. 나부터 타인을 믿겠다고 결정하고 나서 주변을 돌아보자. 나를 믿어주는 사람이 얼마나 많은지 느끼게 될 것이다.

퇴사 열풍…
직장 문 닫고 나올 때까지는 좋았다

'길이 부르면, 그때 가겠습니다'

인생을 살다보면 누구나 선택을 해야 하는 순간이 찾아온다. 그 선택은 나를 기쁘게 하기도 하지만 나를 혼란스럽게 하기도 한다. 몇 년 전 나에게 벌어진 개인적 경험을 예로 들어보겠다.

"3년 뒤 저는 산티아고에 갈 겁니다." 2015년 12월, 여행대학에서 '김경록과 친해지기'라는 미니 강연을 진행했다. 나는 강연을 듣고 사람들과 만나는 게 너무 좋아서 한 달 동안 여행대학이 있는 서울역 근처에서 살다시피 했었는데, 그 당시 '비공식 학생회장'이라는 별명을 가질 만큼 많은 사람과 교류하고 있었다. 유명한 여행가들의 강연을 듣다보니, 같이 참여하고 있는 참가자들도 분명 자신만의 인생의 스토리를 가지고 있을 것이라는 생각이 들었고, 참가자들의 이야기를 듣는 시간도 가지고 싶었다.

이런 이유에 내 이야기를 꺼내 보이고 싶다는 욕망이 더해져 미니 강연을 준비했다. 내가 살아온 지난 10년을 1년 단위로 이야기하는 내용이었다. 사람들이 내 인생에 관심을 가질까 걱정도 많았지만 다행히 열 명 넘는 사람들이 참가했고, 내 이야기를 진지하게 들어주었다. 내 이야기를 누군가가 들어준다는 사실도 너무나 행복했지만 이 날 나는 중요한 약속을 한 가지 했다. 바로 산티아고였다.

강연의 마지막 슬라이드는 산티아고 순례길 사진이었다. 산티아고 순례길은 프랑스 남부에서 800킬로미터를 걸어 스페인의 산티아고에 도착하는 여정으로 대표된다. 이 길을 걷는 것은 나에게 가장 중요한 버킷리스트에 속했다. 예정대로였다면 영국에서 보낸 2년 간의 생활을 마치고 한국으로 돌아오기 전에 들려야 했지만, 건강 악화로 무산되었기 때문에 언제 갈 수 있을지 미궁에 빠진 상황이었다. 하지만 정확한 출발 시점을 정하지 않으면 진짜로 갈 수 없을 것만 같아서 강연 마지막에 이렇게 이야기했다. "지금부터 3년 동안 내가 하는 일에 최선을 다해하고, 3년 뒤에는 산티아고 순례길을 걷겠습니다."

그냥 스스로와의 약속일뿐이었다. 그리고 2019년, 약속한 기간이 벌써 다가왔다. 그럼 나는 진짜로 산티아고에 갈까? 결론은 가지 않는 것이다. 올해는 가지 않기로 결정했다. 지금 산티아고에 가도 내가 느끼고 싶은 뿌듯함이 부족할 것 같다는 판단이었다. 그리고 내가 나아갈 인생의 목표가 확고해졌기에 당장 떠나는 것을 포기하는 선택을 내리기가 그다지 어렵지 않았다. 그렇다고 산티아고를 아예 가지 않는 것은 아니다. 나는 이런 표현을 자주 사용한다. 산티아고 순례길은 '길이 부르면, 그때 가야겠다'고.

또 다른 선택의 순간도 있었다. 2013년, 대학원을 졸업하면서 취업을 택하지 않고 나는 영국으로 떠나겠다고 결심했다. 그때 내가 계속해서 사용했던 표현이 있다. '지금 가지 않으면 마흔 살에 후회할 거야'였다. 그 뒤로 이 표현은 내가 결정을 하는 데 있어서 중요한 선택의 기준이 되었다. 산티아고 순례길의 선택도 마찬가지였다. '지금 가지 않는다고 마흔 살에 후회할까?'라고 질문한다면 나의 대답은 '오히려 지금 간다면 마흔 살에 후회할 거 같아'였다.

모든 선택에는 후회가 따른다. 포기해야 하는 것도 따른다. 후회하지 않는 선택이란 불가능하다. '결국은 후회하지 않는다'라고 말하며 선택할 수 있을 뿐이다. 어떻게 해야 후회하지 않는 선택을 하는 데 유리할까? 선택의 기회비용을 설명하면서 시간은 직선으로 흐른다고 이야기했다. 그런데 시간을 직선이라고 놓고 생각하면 결정의 순간에서 한 가지의 선택지를 포기할 때, 그 선택지는 아예 없어져버린다고 착각하기 쉽다.

그런데 시간의 흐름 속에 두 가지 선택지 중 하나를 미래로 가져다 놓는다면 포기하지 않고 무언가를 더 쉽게 결정할 수 있다. 물론 내 마음이 무엇을 원하는지 파악하고 자신의 인생에 대한 정리가 마음속으로 되어 있어야 우선순위를 정하기가 쉽다. 어쨌거나 무언가 골라야 할 때 흑백논리로 생각하는 습관을 버려야 한다.

2~3년 전부터 '욜로YOLO, You only live once'라는 용어가 유행했다. '너의 인생은 한 번뿐이니 인생을 즐겨라'라는 의미

를 담고 있다. 각박한 환경에서 미래를 강요당하는 현실. 이 용어에 대한 사회적 공감은 순식간에 확대되었다. 욜로라는 용어를 접했을 때 나는 무척 멋진 말이라고 생각했다. 욜로란 결국 자신이 진정으로 행복한 인생을 살기 위해서 현재를 사는 것이라고 생각했기 때문이었다.

그런데 생각보다 많은 사람이 욜로를 '무리해서 하는 소비' 또는 '되는 대로 하는 행동'에 대한 핑계거리로 사용하고 있었다. 어려워지는 경제 환경만큼 큰 꿈보다 소소한 행복을 꿈꾸는 '소확행소소하지만 확실한 행복'이 사회적 문화로 대두대고 있는 상황에서 이러한 시대적 변화는 어쩔 수 없는 현상이라고 생각하지만, 아쉬움이 남는다.

우리에게 '에프터스콜레'가 필요하다

그렇다고 무조건 미래를 위해서 '지금 공부하고, 지금 준비해!'라고 주장하는 것이라 오해하지 말자. 절대 그렇지 않다. 자신의 마음을 정리하고, 생각을 정리하고 싶으면 최대한 많이 경험해야 한다. 하고 싶은 일이 있다면 모두 도전해보자. 이러한 경험에서 내가 무엇을 느끼고 생각할 것인지 계속해서 자신에게 질문해야 한다.

대한민국에서 살고 있는 대다수의 사람들은 '갭 이어[gap year]'를 가져본 적이 없다. 갭 이어는 유럽과 미국 등지에서 고등학교를 졸업한 학생들이 대학에 가기 전 자신에 대해서 알아가는 시간을 가지는 것을 뜻한다. 보통 해보고 싶었던 일을 하기도 하고, 세계여행을 떠나는 경우가 많다.

덴마크의 경우 이런 시스템이 더 체계적으로 잡혀 있다. 중학교를 졸업하고 고등학교를 진학할 때 자신의 진로에 대해서 모른다면 기숙형 중학교의 일종인 '에프터스콜레[Efterskole]'에서 1년 정도 자신이 하고 싶은 적성에 대해서 배우고 찾아볼 수 있다. 이어서 고등학교를 졸업했는데도 자신이 무엇을 해야 할지 모르겠다면 '폴케호이스콜레[Folkehøjskole]'에 진학하여 자신이 하고 싶은 일을 경험하고 진로를 결정하는 데 도움을 받는다.

물론 안정적인 복지로 생활을 유지할 수 있기 때문에 이러한 문화와 제도가 생겨난 것이겠지만, 오로지 경쟁이 강조되는 국내 상황을 떠올려보면 문화적, 심리적으로 이러한 시도를 하기가 우리에게는 너무나 어려운 일이다. 하지만 다른 사람들이 다 그렇다고 해서 자기 인생의 더 커다란 기회비용을 포기하지는 않아야 한다.

최근 몇 년 직장인 사이에서는 '퇴사'가 엄청난 유행이었다. 누군가는 퇴사가 꿈이라고 말했고, 회사에 입사한지 얼마 지나지 않은 신입사원마저 퇴사하는 경우가 늘었다. 수많은 사람이 직장은 자신이 원하는 곳이 아니라며 퇴사했다. 인생이란 여정에서 갭 이어를 가질 시간이 없는 환경이 퇴사라는 키워드에 열광하게 만들었다고 나는 생각한다.

하지만 그들 중에 자신이 하고 싶은 일을 찾아간 사람들이 얼마나 될까? 실제로 주변에서 퇴사한 사람의 대부분이 다시 회사로 돌아갔다. 어떤 이는 다시 시작한 회사 생활이 체질에 맞는다며 만족한다. 회사 밖에서의 삶을 경험하며 인생관을 재정립했기 때문이다. 누군가는 회사 생활과 다양한 취미 활동을 병행하면서 행복을 찾아가고 있다. 회사 외의 영역에서 내가 느낄 수 있는 기쁨을 탐색한 것이다. 그러나 대다수의 퇴직자는 자신이 진정 하고 싶은 일을 고민해보지 못한 채 돈 때문에 어쩔 수 없이 회사로 되돌아간다. 일을 돈 벌기 위한 수단으로 사용하게 되는 것이다.

일은 돈을 벌기 위해 하는 것이 맞다. 하지만 자신이 하는 일에 몰입하지 못하고 보람을 찾지 못한다면 인생의 3분의 1

이상을 불만 속에서 보내야 한다. 일단 회사를 그만 둔 후 창업을 하라는 뜻이 아니다. 지금의 회사를 다니면서 일을 하더라도 행복하게 살 수 있는 마음가짐이 필요한 것이다.

우리에게는 마음정리가 필요하다. 나 자신만을 위한 시간을 한 달만이라도, 적어도 단 3일만이라도 가져보아야 한다. 휴가 하루 받기도 어려운 직장인에게, 책임져야 하는 가족이 있는 가장에게는 3일의 시간을 내는 것도 너무나 힘든 일임을 알고 있다. 그럼에도 자신을 위한 시간은 필수다. 나를 위한 시간을 가짐으로써 오히려 내가 감당해야 하는 모든 것들에 대한 책임감이 커질 수도 있다. 무작정 행동하는 것이 아니고 현재 상황에 놓인 사람들 또는 직장과 논의하고 고민하자. 해결책은 무조건 찾을 수 있다.

만약 지금 학생이라면 더욱이 자신을 위해 투자하는 1년을 그 무엇보다 소중하게 여겨야 한다. 누구에게 도움을 받을 수 있는 상황이 아니라면 다른 일들과 병행하면서 차근차근 계획해보자. 가족의 도움을 받을 수 있다면 받아라. 자신이 가진 자산을 최대한 활용하라. 부모님의 도움은 자신이 성장하는 데 있어서 엄청난 레버리지가 된다. 레버리지는 지렛대를 뜻하는데, 내가 더 크게 성장하기 위한 받침대라고 생각하면 된다. 물론 부모님의 도움을 받으면서 나만을 위한 시간을 가지기가 부담될 수도 있다. 하지만 조금은 이기적이어도 괜찮다. 대신 충분히 자신에 대해서 알아가라. 그것이 인생에서 후회를 줄이는 방법이다.

마음을 정리하고 나의 인생의 목표를 정하려 하는데 내가 뭘 하고 싶은지, 뭘 갖고 싶은지 모르는 사람이 많다. 결국 그것은 자신에 대해서 알아가는 시간이 적었다는 증거다. 경험하고 또 경험해라. 그리고 나에 대한 정보를 모음으로써 자신이 누구인지 확인하자. 무엇을 선택하든 후회한다. 그렇다면 행동하고 나서 후회하라. 행동하지 않고 후회하면 그 후회는 평생 간다.

3장

생각은
언어로
완성된다

논리적 사고가
논리적 글을 만든다

아름다운 글이 아니라 논리적인 글

지금까지 머릿속을 청소하고 생각을 정리하는 다양한 방법을 살펴보았다. 그렇다면 이제는 생각을 표현하는 방법을 알아볼 차례다. 생각은 결국 '말'과 '글'을 통해 전달되기 때문이다. 내 머릿속에 빛나는 아이디어가 있다고 해도 다른 사람에게 설명할 수 없다면 무용지물이다. 나 혼자 떠올리고 말 생각이라고 해도 마찬가지다. 우리는 언어를 통해 자기 자신과 대화한다. 생각은 정확하고 효과적으로 표현될

때 비로소 완성된다.

글을 쓰기 위해 책상에 앉아 깜빡이는 커서를 보고 있으면 머릿속이 멍해지는 경험을 하게 된다. 몇 시간을 그냥 흘려보내기도 하고, 어느 날은 손가락이 자동으로 타이핑하는 마법과 같은 경험을 한다. 물론 이런 순간은 인생에 몇 번 찾아오지 않는다. 전문 작가들도 글쓰기는 쉽지 않다고 말한다. 오죽하면 '글쓰기는 엉덩이로 하는 것'이라는 말이 생겨났을까?

하지만 문제는 일상에서 글쓰기에 어려움을 겪고 있는 사람들은 전문 작가가 아니라는 사실이다. 학점 관리부터 스펙을 쌓기 위해 숨 쉴 틈 없는 일정을 소화하고 있는 학생, 직장에서 기획서와 보고서, 제안서 등 수많은 문서를 작성해야 하는 직장인, 새로운 회사를 창업하려고 하는 예비 창업자까지 이들은 짧은 시간에 효율적인 글을 만들어내야 한다. 그렇다면 전문작가가 하는 글쓰기와 작가가 아닌 사람들이 하는 글쓰기가 다른 것일까? 최근에는 다양한 루트로 누구나 작가가 될 수 있는 환경에 놓여 있지만 기본적으로 글쓰기를 구분해야 할 필요성이 있다.

글쓰기는 크게 두 가지로 분류된다. 문학적 글쓰기와 실용적 글쓰기가 그것이다. 문학적 글쓰기는 시, 소설, 희곡, 수필 등을 포함하고, 실용적 글쓰기는 기사, 칼럼, 논평, 사설, 보도 자료, 기획서, 실용서 등을 포함하고 있다. 문학적 글쓰기와 실용적 글쓰기의 중요한 차이점은 문학적 글쓰기는 논리적 이지 않아도 괜찮지만, 실용적 글쓰기는 논리적이지 않다면 글의 가치가 떨어진다는 것이다.

문학적 글쓰기는 읽는 사람이 받아들이기에 따라 다양한 감정을 불러일으킨다. 하지만 실용적 글쓰기는 누군가에게 전달할 메시지가 명확한 경우가 대부분이다. 실용적 글쓰기 의 달인이라고 칭할 수 있는 유시민 작가는 자신의 저서와 강 연에서 문학적 글쓰기는 타고나지 않으면 한계가 있지만, 실 용적 글쓰기는 노력한다면 누구나 자신만큼은 할 수 있다고 이야기한다.

많은 경우 글쓰기에 문제를 겪는 사람들은 실용적인 글 을 써야 하는 상황에서 문학적 글쓰기의 능력을 발휘하려고 하기 때문에 어려움이 발생한다. 보고서를 써야 하거나, 리포 트를 작성할 때 멋지고 아름다운 글을 써야지 좋은 글 이라고 생각하는 것이다. 과연 실용적인 글쓰기에 있어서 좋은 글이 멋지고 아름다운 글로 이루어진 예술적인 글일까? 논리적인 글도 예술적으로 쓰는 사람도 분명 있을 테지만, 지금 필요한 능력은 글을 읽는 상대방을 고려한 '논리적인 글'을 쓰는 것이다.

이런 글은 글쓴이의 목적을 달성하는 데 중요한 역할을 한다. 결국 실용적 글쓰기의 주된 목적은 의사소통에 있다. 서른 장짜리 보고서보다 일목요연하게 정리한 한 장짜리 보고서가 상황에 따라 더 좋은 글이 되기도 한다. 어려운 한자어와 전문 용어를 사용한 글보다 쉬운 말로 풀어서 쓴 보고서가 글을 읽는 사람을 설득하기 쉽다. 이러한 글쓰기의 목적을 바탕으로 글을 다시 분류해보면 '나를 표현하기 위해 쓰는 글'과 '대상과 소통하기 위해 쓰는 글'로 나눌 수 있다. 우리가 집중해야 할 부분은 '대상과 소통하기 위해 쓰는 글'이다.

글쓰기는 피라미드와 같이

맥킨지 최초의 여성컨설턴트 바바라 민토Barbara Minto의 저서 《바바라 민토 논리의 기술The Minto Pyramid Principle》에서 그는 상대방이 이해하기 쉬운 글을 쓰기 위한 방법으로 피라미드 형태로 글을 쓰는 것을 추천한다. 피라미드 형태로 글

피라미드형 글쓰기의 예시

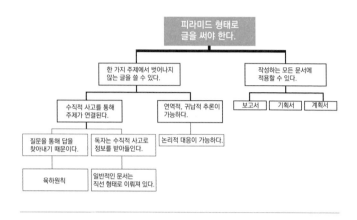

을 구성하게 되면, 한 가지 주제에 대해서 '위에서 아래로top down'글을 쓸 수 있게 되고 논리적으로 글을 쓸 수 있게 된다. 피라미드 형태는 앞에서 다룬 로직트리 방식이라고 불리기도 한다.

피라미드 형태로 글을 구성하게 되면 한 가지 주제에서 벗어나지 않는 글을 쓸 수 있다. 수직적 사고를 통해 주제가 연결된다. 수직적 사고는 주제에 대한 질문을 던짐으로써 논리적인 답을 찾아내는 것이다. 이는 질문에 육하원칙을 대입하여 활용할 수 있으며, 독자가 글을 받아들이는 원리와도 일치한다. 일반적인 대부분의 문서는 직선 형태로 이루어져 있기 때문이다. 또한 한 가지 주제에 대한 연역적, 귀납적 추론 방식으로 논리적인 대응이 가능해진다. 이는 작성하는 모든 문서에 적용 할 수 있으며 이는 보고서, 기획서, 계획서등으로 구분이 가능하다.

이처럼 피라미드 형태로 구성하게 되면 내가 말하고자하는 주장, 목적이 제일 상단에 드러난다. 그리고 그에 맞는 의견이 구성되므로 읽는 사람이 글쓴이의 주장에 동의하든 하지 않든 주장하고자 하는 바를 명확하게 이해하게 된다. 결국 로직트리를 문제와 해결책을 찾는 데 사용하는 것뿐만 아니라 글을 구성하는 기본 뼈대의 역할로 사용할 수 있는 것이다.

글을 쓰기 전에 내가 쓰려고 하는 글이 누군가를 감동시키기 위해서 쓰려고 하는 문학적 글인지, 명확한 목적을 가지고 있는 실용적 글인지 판단해라. 그리고 같은 맥락에서 나를 표현하기 위해서 쓰는 글인지, 대상과 소통하기 위한 글인지 판단해 글의 주장을 중심으로 하여 피라미드 형태로 작성해보자. 무작정 글을 쓸 때와는 다르게 글이 흘러감을 느낄 수 있을 것이다.

육하원칙에
하나를 더하면?

1단계: 나만의 생각서랍을 만들어라

글쓰기에 관한 책을 읽어보면 모두가 똑같이 강조하는 사실이 한 가지 있다. 많이 읽지 않으면 좋은 글을 쓸 수 없다는 것이다. 결국 내가 가지고 있는 정보가 없다면 글을 쓰는 데 어려움을 겪는다. 보고서, 기획서도 마찬가지다. 충분한 정보가 모이지 않는다면 내가 하고 싶은 주장도, 그 주장에 대한 근거도 확보하기 어렵다. 글쓰기 전 생각을 정리하기 위해서는 결국 미리 준비가 되어 있어야 하며, 그래야 좋은 글을 이

끌어낼 수 있다.

글을 편하게 쓰기 위한 첫 번째 단계는 다음과 같다. '다양한 정보를 담을 수 있는 나만의 생각서랍을 만들어라.' 이는 평상시에 해야 하는 작업이다. 직장인이 하루에 받아들이는 정보가 얼마나 될까? 읽는 기사는 몇 개나 될까? 시청하는 유튜브 영상의 수는? 접하는 자료는? 메일은? 셀 수 없다. 한 조사에 따르면 2011년 미국인이 매일 받아들이는 정보량은 1986년에 비해 다섯 배나 많아졌고 그 양은 신문 175부에 해당한다고 한다. 일하는 시간을 빼고 여가 시간만 따져도 10만 단어에 해당하는 정보를 처리하고 있는 것이다.

순식간에 너무 많은 정보를 받아들이고 있기 때문에 그냥 보기만 해서는 추후에 기억하는 것이 불가능하다. 또한 수많은 정보가 계속해서 업데이트되기 때문에 나에게 필요한 정보를 찾는 것이 점점 어려워진다. 분명 어디선가 본 것 같은 기억이 있는데, 아무리 검색해도 찾지 못하는 상황을 경험해 봤을 것이다. 이러한 상황을 미연에 방지하기 위해서 나만의 서랍을 만들어야 한다.

디지털 세상이 도래하기 전에는 다양한 문서 보관 방법이 존재했다. 스크랩을 하거나 파일로 묶어놓기도 했다. 하지만 디지털 시대의 도래로 더 이상 실물을 보관할 필요가 없어졌다. 디지털로 보관하고 확인하며, 필요할 때는 프린트로 자료를 내 눈앞으로 불러올 수 있기 때문이다.

이런 시대에 자료를 편하게 보관하려면 어떻게 해야 할까? 다양한 프로그램이 존재하겠지만, 개인적으로 에버노트를 사용해서 나만의 서랍을 만든다. 어떤 프로그램을 사용하는지가 중요한 것이 아니다. 자료를 수집하고 정리하는 데 필요한 몇 가지 기능을 갖추고 있다면 자신에게 적합한 프로그램을 사용하는 것도 무방하다.

나만의 서랍을 만들기 위해서는 자료의 저장이 용이하고 검색의 편리성이 뛰어나야 한다. 인터넷으로 자료를 보던 중 클릭 몇 번으로 나만의 서랍으로 저장이 가능해야 한다. 에버노트는 클립 기능을 이용하여 보고 있던 페이지를 나의 에버노트로 저장할 수 있다. 또한 유료 버전을 사용하면 PDF 또는 그림 파일 안에 있는 텍스트도 검색이 가능하다. 이는 검색의 편리성을 불러온다. 추가로 필요한 기능은 필요한 책 또는 문서를 사진 촬영으로 스캔한 것과 같이 저장할 수 있으면 더욱 용이하다.

자료를 수집할 때는 자신만의 분류 체계를 만들어라. 꼭 나와 연관 있는 분야뿐만 아니라 다양한 분야의 정보를 같이 수집하는 것이 추후에 지식의 융합에 도움이 된다. 메모하는 습관과 자료를 수집하는 습관을 만드는 것은 매우 중요하다. 《완벽한 공부법》의 저자 고영성 작가는 한 강연에서 자신이 자료를 수집하는 방법을 살짝 공개했다. 그는 자신이 읽은 책에서 기억해야 하는 부분을 책 제목, 분야, 페이지 등으로 체계적인 기록을 하여, 글을 쓸 때 필요한 정보를 바로바로 검색해서 활용하였다고 한다.

2단계: 글의 주제를 명확하게 하라

나만의 생각서랍을 만드는 습관이 생겼다면, 글을 써야 하는 상황에서 두려움이 예전보다 덜할 것이다. 집들이를 위한 요리를 해야 하는데 냉장고에 다양한 음식 재료가 쌓여 있는 것과 같다. 이제 어떤 음식을 할 것인지를 정해야 한다. 학교 또는 회사에서 작성하는 보고서는 이미 주제가 정해져 있는 경우가 많다. 글을 읽는 대상자가 원하는 정보가 노출되어 있기 때문이다. 내가 어떠한 글을 써야 하는지 모르는 상황이라면, 글을 읽는 대상자에게 원하는 것이 무엇인지 다시 확인할 필요가 있다.

확인하기 어려운 상황이라고 해도 무작정 글쓰기를 시작하면 안 된다. 가설을 설정하여 글의 주제를 명확하게 해야 한다. 글의 주제를 명확하게 설정한다는 것은 내가 독자에게 어떠한 메시지를 주겠다는 것이 확실해지는 것이다. 단순히 정보의 전달일수도 있고, 행동을 촉구하는 글일수도 있다.

'2018년 매출 부진의 원인'이라는 보고서를 작성한다면 매출 부진이 왜 생겼는지를 파악하고, 현 상황을 어떻게 개선해야 하는지 향후 행동에 대한 전망을 피력해야 한다. 하지만 '2018년 매출 보고서'라는 주제로 글을 작성한다면, 너무 포괄적인 주제로 인해 어떠한 내용을 담아야 할지 고민하게 된다. 좋은 글을 쓰기 위해서는 쓰려고 하는 글의 주제를 명확하게 하는 것이 중요하다.

3단계: 전체적인 뼈대를 구성하라

글의 주제가 생겼다면 그에 필요한 자료를 확인한 뒤, 무엇을 할 것인가에 대한 의견을 피력해야 한다. 하지만 바로 글 작성으로 넘어가면 안 된다. 글을 쓸 때 파워포인트 화면을 켜놓고 무작정 글을 작성하게 된다면, 그것은 지도 없이 길을 찾아가는 무모한 행위와 다름없다. 가다보면 길을 잃게 되고 내가 어디까지 왔는지 확인하기 위해서 계속 처음으로 돌아가야 하는 수고가 생긴다. 이 문제를 해결하기 위해 바로 문서 작성에 들어가는 것이 아니라 피라미드 구조를 활용하여 전체적인 글의 뼈대를 만들어야 한다.

글의 뼈대를 만들기에 효율적인 프로그램은 디지털 마인드맵이다. 기본적으로 단계별 구성이 가능하기 때문에 직선적인 사고에서 벗어나서 방사형 사고가 가능해지고, 피라미드 구성을 손쉽게 할 수 있다. 글의 주제를 중심토픽에 적어놓고 글의 포함되어야 할 내용을 작성해야 하는데 이때 활용하는 것이 5W 2H 방법이다. 5W 2H는 'Who누가' 'What무엇을' 'When언제' 'Where어디서' 'Why왜' 'How어떻게'를 포함하는 기본 육하원칙에 'How much얼마'를 포함하는 것이다. 기자가 기사를 쓸 때 활용하는 방법으로 기본 육하원칙 내용만 포함한다면 그 글은 최소한 기본을 지킨 글이 될 수 있다.

주제를 중심에 놓고 스스로에게 질문을 던져라. 언제 이것을 해야 하는지, 왜 해야 하는지, 목표를 이루기 위해서 무엇을 해야 하는지, 어떻게 해야 하는지, 누가 해야 하는지, 비용은 얼마나 필요할지 등에 관한 질문을 던짐으로써 정보가 한 군데로 모이기 시작한다. 그리고 작성되는 의견에 근거를 찾아 붙이고, 사례를 덧붙임으로써 하나의 마인드맵, 피라미드 구조의 기본 뼈대가 완성된다.

이를 통해 원하는 글의 시작과 끝까지 뼈대를 작성하는 일이 업무 시간의 단축을 불러오고 글의 방향성을 잃는 문제를 해결해준다. 강의를 기획할 때도 디지털 마인드맵을 활용하여 뼈대를 잡고 그에 따라 포스터를 만드는 작업을 한다면 훨씬 더 효율적으로 글을 쓸 수 있게 된다.

4단계: 구성된 뼈대를 하나의 글로 작성하라

내가 쓰려고 하는 글의 뼈대 작성이 끝났다면, 이제는 글을 작성하는 일만 남았다. 가끔은 마인드맵으로 작성된 뼈대가 누군가를 설득하기 좋은 글이기도 하나 아직은 직선적 사고의 글에 익숙한 대상이 많기 때문에 다시 기존의 형태의 글로 옮기는 작업이 필요하다. 뼈대를 만들 때 글로 작성했다면, 그 내용들을 재구성하는 형태로 사용해도 좋고, 뼈대를 단어나 키워드 위주로 작성했다면 살을 붙여 하나의 글로 탈 바꿈 하는 것이다. 이 과정에서 일을 두 번한다고 생각 할 수도 있지만, 그렇지 않다. 내비게이션을 보면서 길을 찾아 가듯이 물 흐르듯이 글이 써지고, 정리되는 경험을 하게 될 것이다.

일 잘하는 사람은
이메일만 봐도 다르다

읽고도 이해하지 못했다면 글쓴이의 잘못

직장인 또는 학생이 평상시에 가장 많이 사용하는 글쓰기는 무엇일까? 핸드폰을 사용해서 문자 메시지를 보내는 상황을 제외하면 이메일, 보고서, 기획서, 계획서 네 가지 형태의 글을 쓰는 경우가 대부분이다. 각각의 형태의 글을 작성하는 방법은 셀 수 없이 많다. 하지만 그 글들에는 꼭 포함되어야 하는 필수 요소가 존재한다. 그렇다면 글을 읽는 대상에서 어떻게 하면 더 효율적으로 전달할 수 있는지 알아보자.

우선 이메일이다. 이메일을 사용하는 주된 목적이 무엇일까? 이메일은 전적으로 커뮤니케이션을 위한 도구다. 그렇기 때문에 이메일 내용 자체에 긴 내용을 포함하기보단 본 내용은 첨부 파일을 활용하고 이메일은 자신이 전달하고자 하는 내용의 요약을 담곤 한다.

비즈니스 상황에서 정리되지 않은 이메일을 받게 된다면 상대방에게 좋지 않은 이미지를 심어주기도 한다. 그만큼 이메일을 쓸 때는 여러모로 신경 써야 할 부분이 많다. 인터넷이 발명되기 전 아날로그 우편을 사용할 때는 의사를 전달하는 데 시간과 비용이 오래 걸렸기 때문에 어떻게든 효율적으로 의사를 표현하기 위해 노력했다. 하지만 이제는 시간과 비용의 부담이 없다고 봐도 무방하므로 점점 더 이메일을 '잘 쓰기 위한' 노력을 하지 않는다.

이메일을 잘 쓰기 위해서는 어떻게 해야 할까? 첫 번째로 제목을 잘 적어야 한다. 이메일로 마케팅을 할 때 효과적인 제목 문구로 관심을 끄는 것이 중요하듯이 일반적인 메일 작성을 할 때도 제목을 잘 쓰는 것이 중요하다. 제목에는 이 메일이 무엇을 위한 메일인지 핵심이 잘 드러나게 쓰는 것이 좋다.

효과적이지 못한 메일 제목은 자기소개 형태로 작성하는

제목이다. 무엇을 전달하기 위함인지를 표현하지 않고, 본문에 들어가야 할 인사로 메일 제목을 작성한다. 읽는 사람이 메일을 열지 않고도 어떠한 내용이 담겨 있는지 알아야지만 업무 효율성을 높일 수 있다. 읽는 사람을 배려하자.

효과적이지 못한 메일 제목의 예시

안녕하세요. 생각코칭컴퍼니입니다.

효과적인 메일 제목을 쓰기 위해서는 자신이 누구인지 정확하게 밝히고, 이 메일의 본문이 담고 있는 내용을 정확하게 드러내야 한다. 하지만 내용을 정확하게 밝힌다고 해서 너무 길어져서는 안 된다. 최대한 핵심을 뽑아 제목으로 사용해야 한다.

효과적인 메일 제목의 예시

[생각코칭컴퍼니/김경록] 강의 대상자 정보 요청 건

다음은 이메일 본문을 깔끔하게 쓰는 방법이다. 본문을 잘 쓰기 위해서는 어떻게 해야 할까? 이메일은 친구에게 보내는 편지가 아니다. 업무에 활용되고, 최대한 효율적으로 의사를 전달하기 위해서 사용되어야 한다. 이메일을 작성할 때 글을 서술형으로 작성하면 읽는 사람이 핵심 내용을 한 번에 파악하기 어렵다. 또한 두 가지 이상의 요청 사항 또는 전달 사항을 담고 있다면 서술형으로 쓰는 것을 피해야 한다. 그럼 어떻게 해야 할까?

효과적이지 못한 메일 본문의 예시

안녕하세요. 김생각 대리님. 생각코칭컴퍼니 김경록입니다.

날씨가 추운데 잘 지내고 건강관리 잘 하고 계신가요? 2019년 1월 26일에 진행되는 강의 관련하여 메일 보냅니다. 정확한 수강생 정보와 기획하신 교육에 대한 방향성에 대한 정보 요청드립니다. 교육에 참여하는 수강생은 몇 명이고 연령대는 어떻게 되나요? 그리고 전체 교육 일정에 대한 계획표가 있다면 공유 부탁드립니다. 추가로 교육에 꼭 포함되었으면 하는 내용이 있으신가요? 알려주시면 교육에 반영하도록 하겠습니다. 마지막으로 교안은 언제까지 보내드리면 될까요? 답장 기다리겠습니다.

김경록 드림

요청 받은 강의에 대한 수강생 정보, 기획 방향성, 교안 일정 등을 확인하려고 보내는 메일의 내용이다. 직선적으로 메일을 적고나니 무엇이 필요한지 파악하기 어렵다. 이렇게 내용을 전달하다 읽는 사람이 정보를 놓친다면 이는 메일을 보낸 사람의 잘못이다.

효과적인 메일 본문의 예시

안녕하세요. 김생각 대리님. 생각코칭 컴퍼니 김경록입니다. 날씨가 추운데 건강관리 잘하고 계신가요? 2019년 1월 26일 진행되는 강의에 대한 정보 요청 드립니다.

◎ 강의 관련

1) 수강 인원 수

2) 수강생의 남녀 비율

3) 수강생의 연령대

4) 교육장 PC 및 스피커 사용 환경

　— 개인 노트북 사용 가능 여부

◎ 교육 내용 관련

1) 기획하신 교육의 방향성

2) 교육에 꼭 포함되어야 하는 내용

3) 교육 전체 일정표 공유 요청

◎ 일정 관련

1) 교안 제출 마감 일정

알려주시는 정보 반영하여 효과적인 강의 진행하겠습니다.

궁금한 점은 언제든지 연락주세요. 감사합니다.

김경록 드림

직선적으로 작성했던 메일을 세 가지 기준으로 분류하여 항목으로 바꿔서 메일을 작성하게 된다면 효율적으로 내용을 전달할 수 있다. 또한 읽는 사람이 자신이 어떠한 정보를 전달해야 하는지 파악하기 쉬우며, 그 내용을 기반으로 답장을 한다면 놓치는 부분 없이 정보를 전달할 수 있다.

마지막으로 첨부 파일이 많다면, 첨부 파일에 번호를 매기고 메일의 하단에 첨부 파일에 대한 정보를 따로 기입해주는 것이 좋다. 그렇게 하면 메일을 받는 사람이 누락되는 파일 없이 내용을 확인할 수 있다. 중요한 첨부 파일의 누락으로 일 처리에 곤란을 겪는 경우가 종종 발생하기 때문이다.

보고서는 육하원칙이 아니라 '칠하원칙'

보고서는 다양한 형태로 작성된다. 한 페이지 보고서, 파워포인트를 이용한 보고서, 엑셀을 이용한 보고서, 워드문서를 이용한 보고서 등 각각의 회사에서 원하는 보고서의 형태가 존재한다. 각각의 보고서는 장단점이 존재하기 때문에 좋고 나쁨을 판단하기 어렵다. 상황에 맞는 보고서를 쓰거나, 하나의 규칙을 활용한 보고서의 형태로 통일하는 것이 좋다.

그렇다면 효율적인 보고서를 작성하기 위해서는 어떻게 해야 할까? 어떠한 형태의 보고서를 작성하더라도 몇 가지 기본 규칙을 활용한다면 효율적인 보고서를 작성할 수 있다.

첫째, 5W 2H의 활용하여 작성하자. 보고서를 작성하기 전에 글 뼈대를 구성해서 생각을 정리했다면, 보고서의 내용을 작성하는 일이 예전보다 어렵지 않을 것이다. 그리고 뼈대를 구성할 때 1차적으로 5W 2H를 활용했을 것이다. 이제 만들어

일반적인 5W 2H	보고서용 5W 2H
Who(누가)	· 사업 대상 · 실행 주체
What(무엇을)	· 사업 내용
When(언제)	· 사업 시기 · 준비 일정 · 행사 일정
Where(어디서)	· 사업 장소 · 유통 채널
Why(왜)	· 행사 목적 · 기획 의도
How(어떻게)	· 실행 방안 · 실행 계획
How much(얼마나)	· 사업 예산 · 관련 수량

진 뼈대를 보고서 형태로 바꿔야 하는데, 이때 다시 5W 2H의

를 활용하여 구성하자. 가장 쉽게 논리적인 보고서를 만드는

방법이 5W 2H를 활용하는 것이다. 5W 2H는 Who누가, What무엇

을, When언제, Where어디서, Why왜, How어떻게, How much얼마로

구성되어 있다. 이 내용을 보고서의 언어로 바꾸어 쓰면 된다. 특히 최근 유행하는 한 장 보고서를 작성하기 위해서는 이러한 내용으로 핵심을 뽑아서 전달하는 것이 특히 중요하다.

둘째, 가장 중요한 부분을 맨 앞에 구성하자. 보고서를 작성할 때는 보고서의 핵심 내용을 맨 앞으로 구성하는 것이 좋다. 읽는 대상자가 자신의 견해로 해석하게 두지 말고, 자신이 전달하고자 하는 내용을 요약해서 두괄식으로 배치하고 그 뒤에 근거를 나열하는 방식으로 보고서를 작성하자.

셋째, 의견을 제시하려면 근거는 필수다. 보고서를 논리적으로 작성하고 싶다면, 자신이 제시하는 의견에는 근거가 꼭 필요하다. 보고서를 읽다보면 자신의 생각을 사실인 양 작성한다. 보고서에 작성하고 있는 내용이 객관적 근거가 있는 사실이라면 출처를 명확하게 밝히고, 자료를 통한 자신의 해석이라면 자신의 의견임을 명확하게 밝혀야 한다.

객관적 근거 없이 의견을 사실처럼 주장하는 경우
― 최근 A 브랜드의 X 제품은 고객 입장에서 구매할 만한 매력이 없다고 생각한다.

객관적 근거를 토대로 이야기하는 경우

— 전월 진행된 고객 설문 조사의 결과에 따르면 A 브랜드의 X 제품에 구매 의사가 있는 고객이 전년 대비 50퍼센트 하락했다. 그러므로 고객들은 X 제품에 대해 더 이상 매력을 느끼지 못하고 있다고 생각한다.

넷째, 명확한 마무리는 필수다. 보고서를 작성하다보면 마무리를 하기 애매해지는 경우가 생긴다. 뼈대가 없이 보고서를 작성할 경우에 이런 경험을 자주 하게 된다. 명확하게 보고서를 마무리하려면 어떻게 해야 할까? 보고서의 마지막은 미래 지향적으로 작성해야 한다. 그래서 다음 행동이 무엇일지에 대한 내용을 작성해야 한다.

결정권자가 결정을 해야 하는 상황이라면 글쓴이는 자신이 예상할 수 있는 경우의 수를 작성하여 결정권자의 선택에 도움을 줄 수 있다. 만약 현재 상황에 대한 보고서였다면, 자신이 다음으로 진행할 업무 또는 행동에 대해 작성해야 한다. 그래야 글을 읽는 대상자가 글쓴이의 다음 행동을 예측하고 명확한 피드백을 줄 수 있다.

기획이란 하나의 문제 해결 과정

기획서와 계획서는 떼려야 뗄 수 없는 관계이기 때문에 같이 다루려고 한다. 기획서와 계획서는 크게 보면 같은 맥락에서 작성된다. 계획plan은 기획을 통해 산출된 결과를 의미한다. 기획을 통해 계획을 잡는 것이다. 그렇기에 보통 기획서를 쓰다보면 그 안에 계획이 포함된다.

그러나 문제는 여기서 발생한다. 이름은 기획서인데, 내용은 온통 계획에 관한 내용만 포함되어 있는 경우가 발생하는 것이다. 이것이 왜 문제일까? 답을 찾기 위해서는 기획과 계획이 무엇인지 알아야 한다.

기획은 무엇이고 계획은 무엇일까? 이를 설명하기 위해서 《기획은 2형식이다》의 남충식 작가의 야기를 빌려오고 싶다. 그는 자신의 저서에서 기획과 계획을 이렇게 설명한다. 두 단어 모두 '획劃'이라는 글자가 포함되어 있으니 결국 차이는 '기企'와 '계計' 두 글자에 있다. 기企는 '도모하다'라는 주된 뜻을 가지고 있고 계計는 '계산하다'라는 주된 뜻을 가지고 있다. 기企에는 인간人이 포함되어 있고 계計에는 인간人이 없다. 고로 도모하는 것은 인간만이 할 수 있는 일이고, 계산하는 것은 인간만이 할 수 있는 일은 아니며 컴퓨터가 더 잘할 수도 있다는 것이다.

한자어를 활용한 풀이가 명쾌하고 재미있다. 그리고 참 공감 간다. 하지만 기획은 인간만 할 수 있고 계획은 컴퓨터도 할 수 있다는 주장에 살짝 아쉬움을 느낀다. 왠지 계획보다 기획이 더 중요한 것 같은 느낌을 받기 때문이다.

기획과 계획은 영어로 구분하면 보통 기획은 'planning'을 쓰고 계획은 'plan'을 쓴다. 하지만 두 단어의 차이는 미묘하다. 해석할 때도 기획과 계획은 상황에 맞게 혼용된다. 결국 기획과 계획은 떼려야 뗄 수 없는 관계다. 명확한 계획 없는 기획은 망상에 불과하고, 반대로 아무리 좋은 계획도 문제에 대한 올바른 고민이 없다면 원하는 목적을 달성할 수 없는 것이다.

결국 기획은 왜why 하는가를 담당하고, 계획은 어떻게how 할 것인가를 담당한다. 왜 하는가에 대한 고민은 어떠한 행동을 할 때 목적을 찾는 것이다. 인간이 하는 모든 행동에는 목적이 분명 존재하기 때문이다. 기획한다는 것은 현재의 불만족스러운 상황에서 만족스러운 상태로 나아가기 위함이다.

현재의 불만족스러운 상황을 다른 말로 정의하면 '문제 상황'이라고 할 수 있다. 기획은 이 문제를 찾아내어 어떻게 해결할 것인지를 찾는 과정이다. 기획은 문제점을 발견하고, 이 문제점을 해결했을 때 '이렇게 될 것이다' 하는 미래 지향적인 성향을 가지고 있다. 여기서 다시 계획이 중요하다. 미래로 나아가기 위해서는 현재 어떠한 행동을 할 것인가에 대한 구체적인 지침이 필요한 데 이것이 계획인 것이다.

이제 다시 글쓰기로 돌아와보자. 기획서를 잘 쓰기 위해서는 문제와 해결책에 집중하자. 내가 해결하려는 부분에 '어떠한 문제'가 있는지 정확하게 서술해야 한다. 문제를 서술할 때 가장 중요하게 접근해야 하는 부분은 '누구'에 대한 문제인지 명확해야 한다는 것이다. 문제에 대상이 없다면 그것은 문제가 아니다. 내가 경험하고 있든, 다른 사람이 경험하고 있든 누구의 문제인지가 빠지면 논리적으로 문제는 성립하지 않는다. 대상을 선정할 때는 뭉뚱그려 지정하지 말고 명확하게 세분화하여 특정 그룹을 선정하자. 그리고 그들의 문제를 어떠한 방법을 사용하여 해결할 것인지, 문제가 해결되면 대상자는 어떠한 상황으로 변화하는지 설명하자.

계획서를 작성할 때는 시간의 흐름에 따라서 해야 할 일을 작성하자. 하나의 행사를 기획하여 계획서를 작성해야 한다면, 시간의 흐름에 맞게 체크 리스트가 필요하다. 준비하는 기간은 일자별로 관리하는 것이 좋고, 행사 당일은 매 시간별로 관리하는 것이 좋다. 체크 리스트를 잘 만들기 위해서는 1차로 작성한 체크 리스트를 두고 질문을 통해서 빠진 것이 없는지 확인하자.

침묵은
더 이상 미덕이 아니다

오바마 앞에서 질문하지 못한 기자들

손이 덜덜 떨리고 귓속으로 박동 소리가 들릴 정로도 심장이 뛰는 상황. 어느 강의를 듣던 내게 찾아온 증상이다. 이날 나는 4차 산업혁명에 대한 강의를 들으러갔다. 강사는 SK플래닛의 김지현 상무로 90분간 진행된 내용이 충분히 만족스러웠다. 나 역시 관심 있는 분야였기에 궁금증이 생겨나기 시작했다. 강의 마지막에 질의응답 시간이 예정되어 있었고 나는 질문거리를 떠올리고 있었다.

강의가 끝나기 5분 정도 남았을 때, 갑자기 손이 덜덜 떨리고 심장이 쿵쾅대기 시작했다. 질문을 하려고 마음을 먹은 순간 급작스럽게 부담감이 몸으로 전해진 듯했다. 결국 강의가 끝나고 질의응답 시간이 다가왔고 덜덜거리는 손을 붙잡고 준비한 질문을 했다. 다행히 만족스러운 대답을 얻었다. 하지만 강의장에서 나올 때까지도 긴장감은 완벽히 사라지지 않았다.

강의장을 나오면서 다양한 생각이 머릿속에 떠올랐다. 나도 많은 사람 앞에서 강의를 하는 강사인데, 고작 질문 하나 하려 했다고 손이 덜덜 떨리다니… 어쩐지 부끄럽게 느껴졌다. 그리고 도대체 왜 그렇게 긴장했는지 궁금했다. 커피를 너무 많이 마셔서 카페인 부작용이 온 것일 수도 있고 또 다른 여러 가지 원인이 있었겠지만, 강의를 듣는 수강생들이 다들 전문가였다는 점이 한몫했던 것 같다. 기업 임원부터 사원까지 전문가로 가득한 곳에서 내가 하는 질문이 형편없을지도 모른다는 불안감이 든 것이다.

나는 말하는 일을 업으로 삼고 있고 주위에서 말 잘한다는 이야기도 종종 듣지만, 언제나 말하기의 순간은 두려움과 함께 찾아온다. 이게 나에게만 벌어지는 일일까? 그렇지는 않다. 2010년 한국에서 열린 G20 폐막 기자회견장에서 마음 한

쪽이 찌릿해지는 상황이 발생했다. 버락 오바마Barack Obama 미국 전 대통령이 마지막 질의응답 시간에 한국 기자들을 향해 질문할 수 있는 기회를 제공했다. 특별히 한국 기자들을 지목하면서 질문을 요청했지만 정적이 흘렀고 아무도 질문하지 않았다. 오바마 전 대통령은 통역이 필요할 거라면서 편하게 질문할 수 있도록 배려하며 다시 물었지만 아무도 나서지 않았다.

그러다 갑자기 한 기자가 일어났다. 그는 중국 기자였다. 자신이 대신해서 질문하겠다고 했다. 오바마 전 대통령은 당황하며 한국 기자들에게 준 기회라고 이야기했지만, 중국 기자는 한국 기자들에게 다시 물어보고 질문이 없다면 자신이 하겠다고 제안했다. 결국 오바마 전 대통령의 마지막 제안에도 한국 기자들은 아무도 나서지 못했고 중국 기자가 그 기회를 가져갔다.

말하기보다는 듣기를 권하는 문화

이 책을 읽고 있는 사람이라면 적어도 수십 년을 살아오며 여러 질문을 해봤을 것이다. 하지만 많은 사람이 오바마 앞의 한국 기자들처럼 질문에 두려움을 느끼고 어려움을 토로한다. 하지만 서양 문화권의 사람들을 보면 그들은 질문을 자유롭게 주고받는다. 또한 토론식 문화가 익숙해져 있는 만큼 자신의 생각을 주저하지 않고 말하는 것이 자연스럽다. 그렇다면 그들에 비해 우리가 문제가 있는 것일까?

질문을 잘하는 것으로 유명한 민족이 있다. 그들은 세계 인구 중 0.2퍼센트를 차지하고 있는 소수 민족임에도 불구하고, 2015년 기준 195명의 노벨상 수상자를 배출했다. 이것은 전체 수상자의 22퍼센트로 엄청난 비율이다. 또한 전 세계 억만장자의 3분의 1은 이 민족일 만큼 세계적으로 활약하고 있다. 바로 유대인이다.

이들이 이런 결과를 만들어내는 원인에 관한 연구는 다양하지만 그중 하브루타 학습법을 빼놓고 이야기할 수 없다. 하브루타 학습법은 나이, 계급, 성별에 관계없이 두 명이 짝을 지어 논쟁을 통해 진리를 찾는 것을 의미한다. 이것은 유대인들만의 독특한 교육 방법이다. 이는 가정에서부터 학교까지 모든 공간에서 이루어진다.

유대인은 학교에서 집으로 돌아오면 어머니가 "오늘은 선생님에게 무슨 질문을 했니?"라고 물어본다. 이들은 어릴 적부터 나이와 성별, 계급에 상관없이 논쟁하고 질문하고 근거를 찾아서 논리적으로 생각하는 것에 매우 익숙하다. 그렇다면 우리나라는 어떨까? 초등학생 시절을 기억해보자. 학교에서 집으로 돌아오면 어머니가 뭐라고 질문했는지 기억하는가? 보통 "선생님 말씀 잘 들었니?"였을 것이다.

이미 유교 문화에 익숙해져 있는 상황. 우리는 논쟁과 토론보다 윗사람의 말씀을 잘 듣는 것이 익숙한 문화에서 살고 있는 것이다. 초등학생을 지나 이어지는 중학교와 고등학교의 정답을 찾는 객관식 환경에 익숙해지는 것도 한몫 차지하겠지만 기본적인 사고의 방향 자체가 다르다.

유명한 동양 철학자의 말을 빌려오자면, 장자는 '득의망언得意忘言, 뜻을 얻었으면 언어는 잊어라'이라고 말했고, 공자는 '언불진의言不眞意, 말로는 뜻을 다 전할 수 없다'라고 했다. 또한 '빈 수레가 요란하다'는 속담이 있을 정도로 말이 많은 사람을 좋게 보지 않는 문화가 강하기에 한국인에게는 진중하게 있는 것이 미덕이었다.

이런 부분들이 과거에는 전혀 문제가 되지 않았을 것이다. 하지만 이제는 사회, 경제 등 모든 분야에서 세계화가 진행되었다. 경쟁 사회로 변화했고 대한민국을 포함한 동양의 많은 국가가 서양화되어 가는 환경에서 말을 아끼는 문화는 창의적인 생각이나 빠른 문제해결, 의견을 조율하는 데 있어서 부족한 부분이 되어버렸다.

질문에 어려움을 겪는 것은 사회적, 문화적인 부분을 무시하고 생각할 수 없다. 말하기가 어려운 것이 자신의 능력이 부족하기 때문만은 아닌 것은 참 다행이다. 하지만 내 탓이 아니라고 해서 손 놓고 있어서는 안 된다.

질문 이외에도 우리가 말을 해야 하는 상황은 다양하다. 발표를 해야 한다거나, 연인과 대화를 나눈다거나, 송년회에서 건배사를 해야 한다거나, 직장 상사에게 보고를 해야 한다거나, 연인과 헤어진 친구를 격려해야 한다거나, 중요한 과제를 발표해야 한다거나, 토론에 참여해야 한다거나, 하다못해 레스토랑에서 음식을 주문하는 순간에도 말하기가 필요하다. 이런 상황에서 말하기를 잘하려면 어떻게 해야 할지 이어서 알아보자.

즉석 스피치,
3초면 준비 완료

'누가 나를 비웃지는 않을까?'

50여 명이 모여 있는 송년회 자리, 갑작스럽게 건배사를 요청받았다면 기분이 어떨까? 중요한 사람이 된 것 같아 뿌듯하기도 하지만 마음 한편에 무슨 말을 해야 할까 걱정이 뒤따라온다. 건배사를 해야 하는 것을 미리 알았더라면 인터넷 검색이라도 해서 재치 있는 문구라도 확인해놓을 걸 그랬다는 생각이 떠오른다.

하지만 이미 늦었다. 나에게 남은 시간은 고작 20~30초뿐이다. 어떻게 하면 이 순간을 잘 넘길 수 있을까? 말을 해야 하는 상황은 이와 같이 예상하지 못한 순간에 찾아온다. 짧은 시간에 내가 할 말을 정리해서 상대방에게 전달해야 한다. 말도 잘하는데 유머까지 있다면 매력적인 사람으로 보일 수 있을 테니 말이다.

말하기 전에 첫 번째로 해야 하는 것은 두려움을 이겨내는 것이다. 아무리 멋있고 좋은 말을 준비했다고 하더라도 두려움에 제대로 전달하지 못한다면 그 의미와 감동은 절반으로 줄어들어버릴지 모른다. 말하기의 두려움을 이겨내려면 어떻게 해야 할까?

내가 만약에 건배사를 망치게 될 경우 일어날 수 있는 최악의 경우에 대해서 미리 생각해보자. 건배사를 잘 못했다고 해서 무슨 일이 생길까? 마음속에서는 사람들이 나를 다 비웃을 것이라는 생각이 들지만 사실 그런 일은 발생하지 않는다. 나는 축가를 부탁받은 적이 있다. 결혼식 이틀 전에 갑작스럽게 받은 부탁이라 준비할 시간이 너무 부족했다. 가수도 아닌 내가 연습도 없이 축가를 잘 소화했을까? 아니다. 생각만 해도 부끄러울 정도로 망쳤다. 노래하는 중간에는 불안한 생각들이 머릿속을 스쳤다. 하지만 노래가 끝나고 나니 내가 우려했던 일들은 벌어지지 않았다. 물론 더 멋지게 불러줬더라면 하는 미안함과 욕심은 남아 있다. 하지만 내가 좋아하는 사람들을 위해 축가를 불렀다는 사실 역시 변하지 않고 남아 있다. 이처럼 '사람들이 나를 보고 웃을 거야'라는 공포는 상상에 불과하다.

지름 50센티미터로 이루어진 '변화의 원'

계속해서 두려움을 이겨내려고 생각해도 잘 되지 않는 사람들에게 좋은 방법이 한 가지 더 있다. 이는 NLP에서 활용하는 '변화의 원' 기법이다. 순간적으로 심리 상태를 자신감이 충만한 상태로 변화시키는 것이다. 이것은 중요한 발표 전에 적용하면 효과를 극대화시킬 수 있다.

변화의 원을 사용하기 위해서는 별다른 준비물이 필요하지 않다. 오로지 마음가짐으로 진행한다. 중요한 날 집에서 나서기 전에 해도 좋지만 개인적으로는 발표 현장에서 사용하는 것을 추천한다. 우선 현장에 도착해서 강의나 발표에 필요한 물리적인 준비를 끝낸다. 그리고 강당 또는 앞쪽에 서서 차분한 마음을 가진다. 그리고 두 발에서 1미터 정도 떨어진 공간에 지름 50센티미터 정도 되는 작은 원을 상상한다. 그리고 그 원이 환하게 빛나고 있다고 생각해보자. 그 원의 공간에는 발표에 필요한 모든 능력이 들어 있다. 충분히 원이 그려졌을 때, 걸음을 옮겨 그 원안으로 들어간다. 그리고 그 속으로 들어온 자신에게 발표에 필요한 능력을 가지고 있다고 생각한다.

한 단계 더 나가자면 자신이 들어와 있는 원을 확대시켜 눈앞으로 가지고 온 다음 자신이 있는 공간의 전체로 확대시켜보자. 처음에는 상상하는 것이 쉽지 않을 것이다. 하지만 계속해서 연습하다보면 채 1분도 안 되서 자신이 있는 공간을 자원 충만한 공간으로 변화시킬 수 있게 된다.

이는 꼭 말하기가 아니더라도 불안을 해소하고 자신감이 필요한 상황에 응용해서 적용할 수 있다. 순식간에 변화되는 감정을 느끼게 된다. 만약 여유 시간이 1분도 없다면 자신이 지나가는 문에 '변화의 원'을 만들어서 그 공간을 지나가는 것만으로도 같은 효과를 누릴 수 있다.

사실→생각→바람의 순서로 말하라

자, 두려움을 이겨냈다면 이제 말에 대한 내용을 준비해야 하는 단계다. 만약 연설 또는 발표와 같이 말하는 데 준비할 시간이 충분히 있다면 말하기는 글쓰기와 다르지 않다. 피라미드 구조를 활용하여 육하원칙을 기준으로 말의 뼈대를 구성하여 대본을 만들자. 그리고 대본을 외워서 발표를 하면 된다.

그런데 갑작스럽게 말을 해야 하는 상황이라면 조금 다르다. 다시 50명이 모여 있는 자리에서 건배사를 해야 하는 상황으로 돌아가보자. 이렇게 급작스럽게 말을 해야 하는 상황에서 효과적으로 말하기 위해서는 '과거 또는 현재의 사실—개인적인 생각—미래의 바람'이라는 3단계를 사용하면 된다.

첫 번째는 '과거 또는 현재의 사실'을 이야기하여 청중들과 공감 상태로 들어가는 것이다. 과거에 공통적으로 겪었던 사건이나 현재 같은 상황에 놓여 있는 사실을 언급함으로써 청중과의 공감을 이루면 된다. 예를 들면 다음과 같다.

· 여러분과 첫 번째 모임을 가졌던 10년 전이 기억납니다. 다들 처음 만나 어색해하던 순간이 떠오르네요.
· 50명이 이렇게 한 자리에 모여 있다는 사실이 믿기지 않습니다.

- 오늘 이 자리에 참석해도 되는지 고민이 많았습니다. 하지만 여러분을 만나고 나니 오길 잘했다는 생각이 듭니다.

두 번째는 '개인적인 생각'을 언급함으로써 자신의 마음을 청중에게 전달한다. 예를 들면 다음과 같다.

- 여러분 덕분에 따뜻한 연말을 보내고 있어 기분이 매우 좋습니다.
- 이런 자리에 초대받아 이렇게 인사를 할 수 있다니, 참으로 영광입니다.
- 이 자리를 만드느라 고생한 ○○○에게 감사하다고 말하고 싶습니다.

세 번째는 '미래의 바람'을 이야기하여 긍정적인 메시지로 말하기를 끝마친다.

- 이 모임이 지금까지 이어진 것처럼 10년, 20년 변치 않고 지속되기를 기원합니다.

버니스 맥카시의 4MAT 시스템

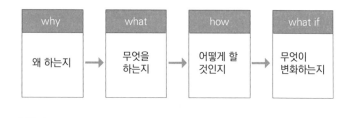

why	what	how	what if
왜 하는지	무엇을 하는지	어떻게 할 것인지	무엇이 변화하는지

· 오늘 처음 뵙는 분도 계신데 이 자리가 끝나기 전까지 모두와 친해지길 기대합니다.

이렇게 말하기를 할 때 3가지 단계만 기억하자. 쉽게 이야기 하면 '사실-생각-바람'의 순서로 말을 하는 것이다. 이는 버니스 맥카시Bernice McCarthy의 4MAT 시스템과도 비슷하다. 4MAT 시스템은 'why-what-how-what if'의 순으로 구성된다. 이는 글쓰기, 학습, 말하기, 기획 등 모든 분야에서 활용되고 있다. '왜 하는지-무엇을 하는지-어떻게 할 것인지-무엇이 변화하는지'에 대한 내용으로 구성되어 있는데 이것을 말하기에 쉽게 적용하면 '사실-생각-바람' 순서로 흘러간다. 물론 구체적인 방안이 들어가야 하는 상황이라면 '사실현황-생각대책 및 방안-바람미래의 결과'의 구성으로 활용하면 된다.

적용하기 쉽게 바꾼 '말하기 3단계'

이제 말하기에 대한 공포를 없애고 '사실-생각-바람' 3단계를 기억하자. 남은 것은 실제로 말하는 것뿐이다. 말을 구조화해서 하는 것도 연습이 필요한 일이니 앞으로는 말을 해야 하는 기회가 생긴다면 주저하지 말고 도전해보자.

생각의 교류를 차단하는
말하기 습관

똑똑한 차 교수에게 부족한 한 가지

말하기를 잘하고 싶어 하는 사람이 많다. 그런데 말하기를 공부할 때 정말 중요한 사실이 한 가지 있다. 우리가 잘하고 싶은 것은 연설이 아니라 '대화'라는 점이다. 우리는 언어를 통해 생각을 주고받는다. 다른 사람과 생각을 교환하고, 이를 통해 새로운 생각을 얻고, 새로운 생각을 다시 나만의 것으로 정리하며 사고가 성장하게 된다. 그런데 만약 일방적으로 말하기만 하고 상대의 의견을 듣지 않는다면? 나의 생각은 벽에 갇힌 신세가 될 것이다. 생각을 잘하는 사람일수록 소통에 능통한 이유가 여기에 있다.

소통의 중요성을 보여주는 사례가 있다. 2018년 11월 한 방송사에서 방영을 시작한 드라마 〈SKY 캐슬〉은 대중으로부터 엄청난 관심을 받았다. 강남 대치동에서 벌어지는 사교육에 대한 내용을 풍자한 내용이었다. 이 드라마의 등장인물 중 한 명인 차민혁은 로스쿨 교수로 등장한다. 극중에서 그는 다수가 모인 자리에서 논리적으로 이야기를 하는 모습을 자주 보여준다. 법학의 특성상 논리적인 그의 성향은 당연해보인다.

하지만 그에게는 커다란 문제가 있었다. 자신이 이루지 못한 꿈을 자녀가 이뤄주길 바랬다. 가정에서 가장의 권위에 따라 명령하듯 자식들을 대한다. 그리고 자식들의 이야기는 들으려고 하지 않는다. 그 결과 딸은 아버지의 인정을 받기 위해서 하버드 대학에 다니는 척 1년 동안 거짓말을 한다. 대화가 부족해서 생기는 파국을 단적으로 보여주는 장면이었다.

이처럼 말을 잘한다고 해서, 스피치를 잘한다고 해서 전부 '대화'를 잘하는 것은 아니다. 주변을 둘러보면 스피치를 잘하는 사람들이 대화는 잘하지 못해서 문제를 겪는 일을 흔하게 볼 수 있다. 스피치와 대화는 어떤 차이점이 있는 걸까? 두 가지 모두 말하기의 한 종류임에는 분명하다.

스피치는 한 사람이 여러 사람에게 일방적으로 사상과 감정을 표현하는 공적인 화법의 형태다. 중요하게 생각해야 하는 부분은 스피치에서는 즉각적인 감정 교환이 일어나지 않는다는 것이다. 내가 원하는 대로 이야기를 구성해서 원하는 목적의 방향성으로 흘러간다. 이는 지극히 개인적인 말하기의 한 형태이다. 물론 청중을 분석해서 말하기를 구성하는 것은 좋은 스피치의 기본 요소지만 이 또한 개인이 청중을 분석하는 것임은 분명하다.

그럼 대화는 어떨까? 대화는 두 사람이 의견을 주고받는 의사소통의 방법이다. 꼭 두 사람일 필요는 없고 다자간의 대화도 가능하다. 하지만 스피치와 분명히 다른 점은 모두가 대화에 참여해 자신의 의견을 나눈다는 것이다. 대화는 일방적이 아니고, 양방향이라는 것이다.

하지만 대화를 잘하지 못하는 사람들은 대화도 일방적으로 접근하기 때문에 문제가 발생한다. 왜 좋은 관계를 원하면서도 일방적인 대화를 하는 것일까? 일방적인 대화의 원인은 크게 두 가지가 있다. 첫 번째는 '공감의 부족'이고 다음은

'자신이 옳다는 믿음'이다.

좋은 대화를 하려면 공감과 경청이 필수 요소임은 잘 알고 있을 것이다. 하지만 공감과 경청을 하려고 하면 쉽지 않다. 연인 사이의 대화를 생각해보자. 여자친구가 회사에서 상사에게 불공정한 대우를 받았다. 그날 저녁 여자친구는 남자친구에게 전화해서 자신이 겪은 일에 대해서 이런 저런 이야기를 한다. 듣고 있는 남자친구는 여자의 감정에 공감해주지 않고 문제에 대한 해결책을 제시한다. 반복된 대화에 지친 여자는 자신이 해결책을 바란 것이 아니라며 화를 낸다. 남자는 자신도 알고 있지만 그러면 어떻게 하냐며 같이 짜증을 낸다. 그리고 결국은 싸움으로 번져버린다.

몇 번의 같은 상황을 반복한 뒤 남자는 이제는 여자가 이러한 이야기를 할 때면 별다른 의견 제시 없이 그냥 대답만 한다. 대응 방법을 바꾼 뒤 예전처럼 대화가 싸움으로 커지는 않았지만, 남자는 여자의 이야기를 듣는 일이 그다지 즐겁지 않아지기 시작하고, 여자 또한 점점 남자의 대답에 진심이 없다는 것이 느껴지기 시작한다. 그리고 그 둘의 대화는 점점 줄어들게 된다. 남자는 감정적으로 나오는 여자의 마음을 이해하지 못한다. 여자도 해결책만 주려고하고 자신의 마음에 공감해주지 못하는 남자를 이해하지 못한다.

이는 부모와 자식의 관계 또는 직장 상사와 부하 직원 사이에서도 비슷하게 찾아볼 수 있다. 대화의 어려움을 겪는 부모도 자식의 마음을 헤아리려고 하지 않는다. 그리고 자신이 원하는 방향으로 자식을 밀어붙인다. 직장 상사와 부하직원 사이에서도 공감은 필요 없다고 느낄지 모르겠지만 좋은 리더는 직원의 마음을 잘 다룰 줄 안다는 것이 특징이다.

그냥 들어주는 것만이 공감이 아니라면 어떻게 해야 서로에게 득이 되는 공감을 할 수 있을까? 공감을 잘하고 발전적인 대화를 위해서는 감정과 사실을 명확하게 분리해야 한다. 한쪽이 감정적으로 이야기를 하고 있는데, 한쪽이 사실로 이야기를 한다면 공감을 할 수 없는 것이다.

'대안'을 제시하기 전에 '공감'하라

이는 고객 응대에서도 활용할 수 있다. 고객이 불만을 제기하고 있는 상황이라면 고객이 겪은 불편에 대해서 정확하게 말하고, 그 불편 사항 때문에 겪은 감정에 대해서 명확하게 공감하고 있다고 이야기하자. 그러고 나서 문제를 해결할 수 있는 상황에 대해서 제안하거나 논의해야 한다.

한 고객이 배송이 늦어져서 불편함을 겪은 문제에 대해서 쇼핑몰에 항의하고 있는 상황을 떠올려보자. 직원이 고객에게 "죄송합니다. 이러한 문제가 있어서 배송이 늦어졌습니다. 내일이면 제품을 받아보실 수 있을 겁니다"라고만 말한다면 고객은 상황을 이해는 했지만 자신이 겪은 불편에 감정은 그대로 남아 있기 때문에 쇼핑몰의 사정을 받아주지 않으려고 할 확률이 높다.

그런데 직원이 "고객님, 배송이 늦어져서 기다리느라고 힘드셨죠. 혹시나 꼭 필요한 상황이었는데 배송 때문에 불편함을 겪으셨다면 정말 죄송합니다. 제품이 너무 인기가 많아 수급이 늦어져서 배송이 늦어졌습니다. 현재 물건이 배송 중이니 내일 택배가 도착할 것으로 예상됩니다. 내일 물건을 받으셔도 괜찮을까요?"라고 이야기한다면 고객은 자신이 경험한 감정에 대해서도 충분히 공감받았기 때문에 감정이 수그러들 확률이 높아진다. 이처럼 공감하기 위해서는 감정과 사실을 충분히 구분하는 것이 필요하다.

일방적인 대화가 이루어지는 두 번째 이유는 오로지 자신만이 옳다는 고정관념에서 만들어진다. 특히 권위주위적인 성향이 강할수록 이러한 고정관념이 심하다. 유교적인 문화가 강한 동양은 윗사람이 옳다는 기본적인 성향을 무시할 수 없다. 드라마에서 등장하는 차민혁 교수도 자신이 겪은 경험이 무조건 옳다고 믿는 데서 문제가 시작되었다. 대화에 어려움을 겪고 있는 사람이라면 자신에게 물어보자. 내가 생각하는 것이 무조건 옳다고 생각하고 있는 것은 아닌지, 다른 사람의 생각을 무시하고 있는 것은 아닌지 말이다.

스피치를 잘하는 사람을 보고 있으면 멋있다는 생각이 들지도 모른다. 하지만 대화를 잘하는 사람과는 평생 함께하고 싶다는 생각이 든다. 대화를 잘하는 사람은 결국 스피치도 잘하게 된다. 하지만 스피치 기술만 배워서 말하는 사람은 공감의 부재로 한계에 부딪힌다. 사람을 이해해야 말하기를 잘할 수 있다. 일방적으로 말하는 사람이 아닌 양방향으로 소통하는 사람이 되도록 노력하자.

4장

생각에
생각을
더하면

괴짜 같은 사람이
더 창의적일까?

인간에게 남은 마지막 영역, 창조

2016년 3월 세기의 대결이 펼쳐졌다. 인간과 기계의 대결이 서울 한복판에서 벌어진 것이다. 어떤 대결이었을까? 너무나 유명한 대결이었기에 모르는 사람이 없을 것이다. 그것은 바로 바둑 대결이었다.

알파고와 이세돌 9단이 서울의 한 호텔에서 바둑으로 승부를 가리는 데 세계의 관심이 쏟아졌다. 대한민국은 바둑계에서 세계적으로 손꼽히는 국가기 때문에 한국에서 기계와 인간이 바둑 대결을 한다는 것이 더욱 큰 관심을 불러일으켰다. 이 대결에 세간의 이목이 집중된 것은 '바둑은 기계가 넘보기 힘든 인간의 영역'이라고 사람들이 믿고 있었기 때문이다.

알파고와 이세돌 9단의 대결이 인간과 기계의 첫 번째 싸움이었을까? 물론 그렇지 않다. 알려지지 않은 수많은 대결들이 있겠지만, 1997년의 대결이 유명하다. 서양의 보드게임인 체스를 가지고 기계와 인간이 대결을 펼친 것이다. 그 당시 체스 세계 챔피언이었던 '가리 카스파로프^{Garry Kasparov}'가 그 주인공이었고 기계는 IBM이 만든 슈퍼컴퓨터 '딥 블루^{Deep Blue}'였다. 1996년 첫 번째 대결에서는 세계 챔피언 카스파로프가 승리했다. 1년 뒤 1997년 IBM은 딥 블루를 개선해서 다시 대결을 펼쳤다. 승자는 컴퓨터였다. 이 승부에 관심을 보였던 많은 사람은 경악했다. 기계가 인간을 꺾는 일이 발생한다는 것이 두려웠기 때문이다. 하지만 이 공포는 오래가지 않았다. 딥 블루가 할 수 있는 일은 오로지 '체스' 한 가지였기 때문이다. 체스 말고는 할 줄 아는 것이 없는 컴퓨터라면 우리의 삶에 큰 영향을 미치지 못할 것이 뻔했다.

그렇다면 알파고와 이세돌의 대결은 어땠을까? 대다수의

바둑 전문가들은 이세돌이 승리할 것이라고 예측했다. 하지만 경기 첫 날 모두의 예상은 뒤집어졌다. 알파고가 이세돌을 이겨버렸기 때문이다. 사람들은 충격에 빠졌다. 그래도 희망을 잃지 않았다. 다음 판은 이세돌이 승리할 것이라고 생각했다. 하지만 다섯 번에 걸친 경기 중 네 번째 경기를 제외한 모든 경기에서 알파고가 승리했다.

너무나 놀라운 결과였다. 대결이 벌어진 일주일도 안 되는 기간 사이에 기계와 인간의 위치가 뒤집어져버렸다. 사람들은 기계에 공포를 느끼기 시작했다. 때마침 2016년 1월, 다보스 포럼에서 '4차 산업혁명'이라는 용어가 등장하며 이와 맞물려 기술 발전이 인간 세상을 뒤집어놓을 것이라는 무시무시한 예측에 온 나라가 휩싸였다.

알파고와 딥 블루 모두 인간을 이긴 컴퓨터다. 그런데 이 두 컴퓨터가 세상에 미친 영향력은 너무나 다르다. 그 차이는 왜 생겼을까? 기본적으로 체스와 바둑의 게임 규모는 비교할 수가 없다. 체스는 한 점에서 생길 수 있는 경우의 수가 20개 정도인데, 바둑은 한 점에서 생길 수 있는 경우의 수가 200여 개다. 게임 한 판 전체의 경우의 수를 따져보면 우주 원자의 개수보다 많다. 전 세계의 컴퓨터를 이용하여 백만 년을 구동시켜도 다 계산할 수 없을 만큼 많은 경우의 수를 가지고 있다. 알파고는 컴퓨터로 거의 불가능에 가깝다고 하는 일을 가능하게 만들어낸 것이다.

알파고를 만든 회사인 구글 딥마인드는 약 200여 명의 직원이 근무하고 있는데 이 중 알파고를 담당하는 인원은 15명 정도라고 한다. 다른 직원들은 이 AI 기술을 활용하여 바둑이 아닌 다른 문제를 해결하고 있는 것이다. 구글 딥마인드의 미션은 두 가지 인데 첫 번째는 'Solve intelligence', 즉 지능을 해결하는 것이고 두 번째는 'Use it to solve everything else', 즉 해결한 지능을 가지고 모든 것을 해결하는 것이다. 결국 AI로 다양한 문제를 풀어내는 것이 이 회사의 궁극적인 목표다.

이는 충분히 인간에게 두려움을 심어줄 수 있는 것이다. 인간은 더 이상 지식을 외우는 것만 가지고는 살아남기 힘든 세상임이 분명하다. 이제는 인간만이 할 수 있는 영역의 능력을 키워야 한다. 알파고를 보니 이제는 인간만이 할 수 있는 영역이 없을지도 모르겠다는 생각을 할 수도 있다. 하지만 아직은 인간이 할 수 있는 영역이 분명히 남아 있다. 그것이 나는 창의적인 부분이라고 생각한다.

목욕탕의 모두가 '유레카!'를 외치지는 못한다

창의적인 사람이라고 하면 어떤 사람이 떠오르는가? 개인적으로 떠오르는 사람은 '데미스 하사비스Demis Hassabis'다. 누굴까? 스티브 잡스처럼 이름만 들어도 딱 떠오르는 사람은 아니다. 그는 알파고를 만든 딥 마인드의 창업자다. 누군가는 하사비스가 현 시대에 가장 똑똑한 사람이라고 말하기도 할 만큼 자신의 분야에서 엄청난 성과를 보이고 있다.

이 외에도 창의적인 사람으로 유레카를 외친 고대의 학자 아르키메데스Archimedes, 빌 게이츠, 버진 그룹의 회장 리처드 브랜슨Richard Branson, 《에디톨로지》의 저자 김정운 교수 등 다양한 이가 떠오른다. 그런데 이들은 어떻게 창의적인 사람이 될 수 있었을까? 이들은 특별했던 것일까? 타고난 괴짜였던 것일까?

과거에 비하면 많이 달라졌지만 아직도 창의성을 특별한 소수의 전유물로 생각하는 이가 있다. 이러한 오해를 가지고 있는 사람들은 창의적인 사람들은 뭔가 외모도 특이하고, 하는 행동도 특별하다고 생각하기도 한다. 아인슈타인처럼 파마한 머리가 우리 마음속에서 '뭔가 조금 다르고 과학자 같은 느낌'이라며 자리매김했다고 해야 할까?

하지만 스티브 잡스^{Steve Jobs}, 데미스 하사비스, 마크 저커버그^{Mark Zuckerberg}와 같은 사람들을 보더라도 그들은 아인슈타인처럼 머리를 기르지도 않았고 파마하지도 않았다.^{머리숱이 없어서 그런 걸지도 모르겠지만!}

이들이 이룬 성과는 분명 특별하다. 감히 넘볼 수 없을 정도로 많은 것들을 이뤘다. 하지만 이런 성과들이 이들이 특별하기 때문에 생긴 것만은 아니다. 이들이 성과를 이룬 데는 분명한 원인이 있다.

모두가 잘 알고 있는 아르키메데스의 이야기를 생각해보자. 아르키메데스는 한 가지 문제에 빠져 있었다. 왕이 선물받은 금관에 은이 섞였다는 소문이 돌았고, 왕이 아르키메데스에게 사실을 확인하라고 명령한 것이다. 그 당시의 기술력으로 이것을 어떻게 해결해야 할지 몰랐다. 깊은 고민에 빠졌던 아르키메데스는 며칠을 고민하던 중 우연히 목욕탕에서 해결책을 생각해냈다. 그리고는 옷도 입지 않은 채 '유레카^{εὕρηκα}'를 외치면서 집으로 돌아왔다. 그는 자신의 몸이 목욕탕의 대형 욕조에 들어가면서 물이 넘치는 것을 보고 '물은 부피만큼 넘친다'는 점을 확인했다. 이 원리를 통해 그는 왕관에 섞여 있는 불순물을 증명해냈다.

아르키메데스가 이 문제를 해결한 것이 단순히 목욕탕에 들어가다 우연히 알아낸 것일까? 그렇지 않다. 아르키메데스는 왕실에서 선박을 만들고 있었기 때문에 부력으로 부피를 측정할 줄 알았으며 금의 질량에 대해서도 이미 알고 있었다. 하지만 불규칙한 물체의 부피를 측정하는 방법에 대해서 고민하고 있었던 것이었고 이는 결국 알고 있던 지식이 문제 상황에서 하나로 연결되는 과정을 경험한 것이다. 만약에 아르키메데스가 기본 지식이 없었더라면 이 문제를 해결하지 못했을지 모른다.

이번에는 알파고의 아버지 데미스 하사비스에 대하여 생각해보자. 하사비스는 1976년 런던에서 태어났다. 그는 어렸을 때부터 체스의 신동이었다. 4세에 삼촌과 아버지가 체스를 두는 것을 보고 관심을 보여서 체스를 시작하였는데, 짧은 시간에 아버지와 삼촌의 실력을 넘어섰고 6세에는 런던 미성년 챔피언십에서 우승했다. 9세에는 잉글랜드 11세 이하 체스 대표팀의 주장이 되었다.

그는 자연스럽게 프로그래밍에 관심을 가지게 되었고 8세부터 단순한 프로그래밍이 가능한 컴퓨터를 가지고 프로그래밍을 배우기 시작했다. 17세에는 1천 500만 장 이상 판매

된 〈Theme Park〉라는 게임을 개발했는데, 이 게임은 놀이공원을 만드는 게임이었다. 이때도 하사비스는 게임 내 NPC[non player character, 사람이 직접 조종하지 않아도 프로그래밍된 대로 움직이는 캐릭터]에 관심이 많았다고 하는데, 이는 그 당시의 인공지능이라고 할 수 있다.

그 이후에 캠브리지 대학교에서 컴퓨터 프로그래밍을 배웠고 박사 과정에서 신경과학을 전공함으로써 인간의 두뇌에 대해 공부했다. 그리고 2010년 딥마인드를 창업해 인공지능을 개발하기 시작했으며 2014년 딥마인드가 구글에 인수되면서 지금의 모습을 갖추게 되었다.

하사비스가 뛰어난 능력을 가지고 있다는 것은 분명하다. 하지만 그가 지금에서 딥 마인드를 창업하고 알파고를 개발하고 인공지능을 개발할 수 있는 것은 그가 어렸을 때 체스에 대해서 일정 수준 이상에 올랐으며 컴퓨터 개발 능력 그리고 AI에 대한 관심, 여기에 인간의 두뇌를 향한 공부가 하나로 융합되었기에 가능했던 것이다. 그가 컴퓨터 프로그래밍을 배우지 않았더라면? 신경과학을 배우지 않았더라면? 그가 알고 있는 지식이 달랐더라면 지금과 같은 결과는 없었을지 모른다.

창의적인 사고로 엄청난 성과를 이룬 사람들은 괴짜이기 때문에 창의적인 것이 아니다. 그들은 끝없는 노력을 통해서 새로운 것을 만들기 위해 노력하는 사람들이다.《구글은 어떻게 일하는가How Google Works》에서 에릭 슈미트Eric Schmidt 는 '구글의 괴짜들은 성장 마인드셋growth mindset을 가진 사람들'이라 지칭한다. 그들은 성취 목표performance goal에 집중하는 것이 아니라 학습 목표learning goal에 집중하는 사람들이며 어리석은 질문이나 틀린 대답 때문에 자신이 남들에게 어떻게 보일지를 신경 쓰지 않고 목표를 위해서 열심히 나아간다.

지능과 창의성 연구 분야의 최고 권위자 로버트 스턴버그Robert Sternberg는 "창의적인 사람은 최선의 해결 방법, 혹은 그와 비슷한 해결 방법을 찾을 때까지 그 과정에서 수반되는 불안감을 기꺼이 참아내는 사람"이라고 말한다. 창의적인 사람이 되고 싶다면 타고나는 괴짜가 아니라 학습하는 괴짜가 되어야 한다.

나는 예술가가 아니라
탁월한 문제해결사

21세기에도 르네상스형 인재가 나올 수 있을까?

레오나르도 다빈치Leonardo da Vinci는 르네상스 시대를 대표하는 거장이다. 그는 회화, 건축, 철학, 시, 작곡, 조각, 육상, 물리학, 수학, 해부학 등 다양한 분야에 능했다. 하루가 24시간이 아니라 48시간이라고 하더라도 쉽지 않은 일임은 분명하지만 실제 그는 날마다 20시간 동안 끊임없이 수학을 연구하고, 기하학 문제를 풀고, 실험을 했다고 한다.

나 역시 이런 르네상스적인 인간이 되고 싶은 욕망이 강하긴 하나 현실적으로 쉽지 않다는 것에 동의한다. 15~16세기와 21세기는 다른 환경에 살아가는 것이 분명하기 때문이다. 그렇다면 21세기에 살고 있는 우리는 어떻게 해야 하며 어떠한 능력을 가져야 할까? 학자들은 미래 인재에게 필요한 능력으로 아래의 네 가지 요소를 강조한다.

- 창의성creativity
- 의사소통 능력communication
- 협업 능력collaboration
- 비판적 사고력critical thinking

미래를 살아갈 학생들에게 매우 중요한 능력이지만, 현재 직장을 다니고 있는 사람들에게도 동일하게 중요한 능력임에 틀림없다. 특히 창의성이 매우 중요하다는 사실에는 모두가 공감할 것이다. 그럼 우리에게 필요한 창의성을 늘리기 위해서는 어떻게 해야 할까? 앞에서 창의성은 타고나는 것이 아니라 포기하지 않고 끝까지 학습하는 과정에서 나온다고 이야기했다. 이 말에 대해서 조금 더 구체적으로 파고 들어가보자.

창의성에 대한 설명 중 흥미로운 이론을 제시하는 학자

가 한 명 있다. 켈로그 경영대학원의 앤드류 라제기^{Andrew} ^{Razeghi} 교수다. 그는 자신의 저서 《리들$^{The Riddle}$》에서 창의성을 세 가지로 분류한다. 창의성은 예술적 창의성^{artistic} ^{creativity}, 과학적 창의성$^{scientific\ creativity}$, 고안적 창의성 $^{conceptual\ creativity}$으로 나누어진다는 것이다.

예술적 창의성

예술적 창의성의 경우에는 세계적인 화가 파블로 피카소 $^{Pablo\ Picasso}$를 생각하면 이해하기 쉽다. 이 창의성은 미켈란 젤로 부오나로티$^{Michelangelo\ Buonarroti}$의 〈다비드 상〉처럼 고 유의 아름다움이나 존재 자체만으로도 사람들의 주목을 끌 수 있는 것을 만들어내는 능력이다. 예술가들에게 필요한 창 의성은 어떠한 문제를 해결하기 위한 창의성이 아니다. 물론 그들도 예술을 통해 문제를 해결하려 하기도 하지만, 예술가 는 작품을 통해 누군가에게 영감을 불어넣고 감동을 주기를 원한다.

과학적 창의성

과학적 창의성의 경우 최초의 방사성 원소 폴로늄과 라듐을 발견한 마리 퀴리^{Maria Curie}를 떠올리면 된다. 과학적 창의성은 다른 창의성과 다르게 인간이 만들어내는 것이 아니라 인간이 탄생하기도 전부터 오랜 세월 존재해온 사실을 발견하는 것이다. 이는 예술적 컨셉과는 달리 절대적인 진리를 전제로 한다. 아인슈타인이 사고 실험을 통해 상대성이론을 발명하는 것과 같이 변하지 않는 사실을 기반으로 한다.

고안적 창의성

고안적 창의성은 비즈니스 창의성이라고도 이야기한다. 앤드류 라제기 교수도 21세기를 살아가는 데 있어서 가장 필요한 능력을 고안적 창의성이라고 이야기한다. 고안적 창의성은 무엇일까? 고안적 창의성을 설명하기 가장 좋은 사례로는 무선 청소기와 날개 없는 헤어드라이기로 유명한 기업 다이슨이 있다.

다이슨의 창업자 제임스 다이슨^{James Dyson}은 무선 청소기를 만드는데 있어서 5천 172번의 실패를 겪은 것으로 유명하다. 하지만 그는 포기하지 않는 집념으로 결국 성공적인 제품을 만들어냈다. 그는 고객이 겪는 문제를 충분히 이해하고 해결하기 위한 방안을 만들어냈다. 고안적 창의성의 특징은 문제를 해결하거나 채워지지 않는 욕구 또는 욕망을 충족시켜야 한다는 목표를 갖는다.

백 명의 사람이 명함을 교환하는 가장 빠른 방법

창의성을 세 가지로 분류하고 나면 습관적으로 '나는 창의적이지 않다'라고 말하는 사람들이 왜 그렇게 이야기하는지 알 수 있다. 그들은 예술적 창의성과 고안적 창의성을 헷갈리고 있는 것이다. 예술을 하는 사람이 아닌 경우 가져야 할 능력은 예술적 창의성이 아니다. 문제를 발견하고 해결하기 위해서 포기하지 않고 노력하는 것, 그리고 그것을 위해서 끊임없이 학습하는 것이 21세기에 가져야 하는 중요한 능력이다.

일본의 한 광고가 있다. 3분 정도 되는 이 광고는 대사가 없이 여러 명의 사람들만 등장한다. 이들은 만나서 명함을 교환한다. 처음에는 두 명이 교환하고, 다음에는 세 명이 교환한다. 네 명, 아홉 명, 스무 명의 인원이 되어도 한 명도 빠짐없이 모두 작은 종이를 교환한다. 이 광고를 보고 있으면 무언가를 교환하는 방법이 이리도 다양한가 싶을 정도로 참신한 아이디어들이 많이 등장한다. 재미있는 포즈를 취하기도 하고, 오

243

와 열을 맞춰서 한 사람 한 사람 교환하는 모습은 눈을 떼기가 힘들다. 그러다 마지막으로 백 명이 등장한다. 참가자들의 눈빛이 흔들리기 시작한다. 스무 명이 명함 교환하는 것까지는 어떻게든 해냈는데, 백 명이 서로 명함을 교환하려니 난감하다는 표정이다. 이들은 어떻게 했을까? 어느 한 명이 걸어 나와서 핸드폰을 꺼내어든다. 그러자 모두가 핸드폰을 든다. 그리고 어느 어플을 실행시킨다. 이 광고는 명함 어플 광고였던 것이다.

창의적인 문제 해결이라는 점에 대해서 참신하고 획기적이고 예술처럼 아름다운 해결책을 원할지도 모르겠다. 하지만 지금 이 시대에 필요한 창의적인 문제 해결은 새로운 어플을 만들듯이 사람들이 겪고 있는 문제를 효과적으로 해결해야 하는 것이다. 아직도 나는 창의성이 없다고 생각하는 사람이 있다면 혹시나 내가 예술을 하려고 하고 있는 것은 아닌지 생각해보자. 또한 내가 만들어낸 상품이 고객에게 잘 팔리지 않아 고민하고 있다면 내 상품이 누군가의 문제를 해결하는 데 있어서 부족한 것은 아닌지 질문해보자. 결국 우리는 예술가가 아니라 문제를 해결하는 문제 해결사가 되어야 한다.

아이디어는
화장실에서 탄생한다

너무나 쉽지만, 누구나 따라하지는 못하는 공식

신제품 마케팅 기획을 해야 한다거나, 광고를 기획해야 한다거나, 중요한 행사를 기획해야 하는 등 모든 상황에서 신선하고 창의적인 아이디어는 필수 요소처럼 여겨진다. 신선하고 창의적인 아이디어는 누구나 원하는 보석과 같지만 그만큼 구하기 어려운 희소성을 가지고 있다. 창의적인 아이디어를 만나는 것은 탄광에서 원석을 채취하여 다이아몬드로 만드는 과정과도 같다고 할 수 있다. 그럼 어떻게 보석과도 같은 아이디어를 채취할 수 있을지 살펴보자.

세계적으로 광고 분야의 명성을 떨친 제임스 웹 영^{James} ^{Webb Young}은 '아이디어를 어떻게 얻을 수 있나?'라는 질문에 대답하기 위해 짤막한 한 권의 책을 출판했다. 책의 제목은 매우 단순하다. 원제가 《A Technique for producing Ideas》로 '아이디어를 만들어내는 방법'이라는 뜻이다^{한국에서는 《60분 만} ^{에 읽었지만 평생 당신 곁을 떠나지 않을 아이디어 생산법》이라는 제목으로 출} ^{판되었다}. 하지만 이 책은 제목만큼이나 단순하면서도 광고를 배우는 학생들에게 바이블이라고 불릴 정도로 중요한 내용을 담고 있다.

그는 아이디어란 포드가 자동차를 만들듯이 명확한 절차를 거쳐서 만들어진다고 이야기한다. 또한 이런 스킬을 왜 공개하는지 물어보는 사람들에게 이렇게 대답했다. 첫째, 이 공식을 설명하면 매우 단순하기 때문에 이것을 믿는 사람이 많지 않다. 둘째, 이 방식을 말하기는 쉬우나 실천하기 위해서는 매우 힘든 지적 작업이 필요하기 때문에 알고 있다고 해서 누구나 다 활용할 수 없다. 그렇다면 그가 말하는 아이디어를 만들어내는 방법은 무엇일까? 제임스는 아이디어에 대한 두 가지 기본 원리를 다음과 같이 설명한다.

아이디어에 대한 두 가지 기본 원리

1. 아이디어는 새로운 것들의 조합이다.

2. 새로운 조합을 만들어내는 재능은 사물의 연관성을 찾아내는 능력에 의해 향상된다.

아이디어가 만들어지는 5단계

제임스 웹 영이 말한 두 가지 원리는 '아이디어가 만들어지는 5단계'에 의해 구체화된다. 다음 내용을 살펴보자.

1단계: 자료수집의 단계

아이디어를 얻기 위해서는 자료를 수집하는 것이 먼저다. 디자이너는 새로운 패턴을 발견하기 위해서 만화경을 사용하곤 한다. 만화경은 그 안에서 무수히 많은 유리조각들이 무작위로 패턴을 만들어낸다. 그리고 그 안에 유리조각이 늘어날수록 새로운 패턴이 만들어질 가능성이 늘어나는데, 이는 아이디어도 마찬가지다. 새로운 아이디어를 만들어내기 위해서는 '특수 자료'와 '일반 자료' 두 가지 분류의 자료가 필요하다.

만약 광고를 만든다면, 아이디어를 얻기 위해서 이집트의 장례 관습, 모습, 건축법 등 모든 분야에 관한 지식을 습득하는 습관이 필요한데 이것이 일반 자료를 얻는 방식이다. 실제로 유명한 광고인들은 이런 식으로 다양한 정보를 수집하는 것을 좋아했다. 한편 특수 자료는 비누를 판매하는 마케터가 비누 연구에 대한 책을 읽어보는 것과 같은 과정을 통해 얻어진다. 실제로 비누를 연구한 자료에서 광고 홍보 문구가 탄생하기도 한다.

2단계: 정신적 소화 단계

두 번째 단계는 정신적 소화 단계다. 1단계에서 모인 자료들을 통해 새로운 아이디어를 만들어내는 과정이다. 이는 철저히 두뇌 속에서 일어나는 과정을 이야기한다. 기존의 자료들을 다르게 생각하는 과정을 거치는 것이다. 1단계에서 모인 자료를 연결지어보기도 하고, 뒤집어보기도 하자. 다양한 측면에서 바라보자. 이 과정에서 머릿속에는 불확실하지만 새로운 생각들이 떠오를 것인데 이를 적어둠으로써 새로운 아이디어와 연결되는 시발점이 된다.

2단계에서 잠깐 고민하다가 포기해버리는 상황이 종종 발생한다. 자료들이 충분히 소화되기까지 아이디어를 연결하고 새로운 생각을 하는 것을 포기하지 말자. 제임스는 2단계에서 정신적으로 지칠 때까지 아이디어를 붙들고 있으라고 강조한다. 모든 에너지가 고갈되었다면 이제 3단계로 넘어갈 시기다.

3단계: 정신적 숙성 단계

2단계에서 충분히 고민한 두뇌를 쉬게 해줄 단계다. 기존에 고민하던 아이디어에 대해서 더 이상 생각하지 않아야 한다. 잠을 잔다거나 영화를 본다거나 음악을 듣는 등 상상력을 자극할 수 있는 행동을 하자. 3단계는 무의식이 해야 하는 일을 하도록 나두는 것이다. 《몰입》의 저자 황농문 교수도 몰입의 단계에서 일어나는 무의식의 중요성을 강조한다. 그리고 충분히 고민하고 난 뒤에는 운동을 통해 두뇌가 기존의 생각에서 벗어나 쉴 수 있어야 한다고 말한다.

4단계: 아이디어 탄생 단계

더 이상 문제에 대해서 고민하고 있지 않을 때 아이디어는 갑작스럽게 찾아온다. 아르키메데스가 목욕탕에 들어가다 갑작스럽게 유레카를 외친 것처럼, 잠에서 깨어났을 때, 면도를 하던 순간, 산책을 하던 순간 갑작스럽게 아이디어가 떠오른다. 한 심리학자의 연구에 따르면 아이디어가 잘 떠오르는 장소는 3B라고 한다. 바로 'bed침대' 'bus버스' 'bathroom욕실'이다. 두뇌가 쉬고 있고 다른 생각에 잠겨 있을 때 문제를 해결할 수 있는 아이디어가 나온다. 아인슈타인도 "나는 결코 이성적인 사고 과정 중에 커다란 발견을 이룬 적이 없다"고 말하면서 한몫 거들었다.

5단계: 아이디어 실행 단계

이제 원석을 보석으로 가공해야 하는 단계다. 아이디어가 떠올랐다면 그 아이디어를 현실에 맞게 수정하고 실행하면서 보완해야 한다. 떠오른 아이디어는 원석의 상태이기에 아이디어가 좋지 못하다고 느낄 수도 있겠지만 끈질기게 실행하면서 수정과 보완을 해나가야 한다. 아이디어에 대해서 심도 있게 비평할 수 있는 사람과 이야기를 나누면서 의견을 더하는 것도 아이디어의 새로운 측면을 볼 수 있는 좋은 방법이다.

새로운 아이디어를 얻어내는 방법을 설명하는 것은 제임스 웹 영의 말처럼 어렵지 않다. 그런데 실천으로 옮기는 것은 매우 어렵다. 나도 이 책을 쓰는 과정에서 이 5단계를 다양하게 활용했지만, 말처럼 쉬운 일은 절대 아니었다. 그의 아이디어 발상 5단계를 활용하기 위해서 앞서 추천한 생각 도구를 활용하자. 디지털 마인드맵, 아웃라이너 도구, KJ법은 모두 아이디어를 만들어내기에 아주 적합한 형태를 갖추고 있다. 계속 강조하지만 창의성은 하루아침에 만들어지는 것이 아니다. 끝없는 연습과 노력이 필요하다. 조금 해보다가 '이것 봐. 역시 난 못하겠어'라고 포기하지 말자.

당신의 브레인스토밍은
잘못되었다

하늘 아래 새로운 것은 없다

"나는 몇 달이고 몇 년이고 생각한다. 백 번 중 아흔아홉 번은 실패하지만 한 번은 성공한다." 아인슈타인이 남긴 말이다. 창의적인 아이디어를 얻고 싶다. 그리고 창의적인 아이디어로 성공을 경험하고 싶다. 그러려면 어떻게 해야 할까?

책의 제목을 정하거나 강의 제목을 정할 때처럼 아이디어가 필요한 순간이 있다. 이때 단기간에 그나마 쓸모 있는 아이디어를 뽑아내는 효율적인 방법은 디지털 마인드맵을 켜

놓고 무작정 생각나는 문구들을 적어나가는 것이다. 다른 책의 제목, 다른 강의의 제목을 참고로 비틀어도 보고 영어로도 바꿔보고 무작정 적어본다. 한 100개 정도 제목을 적어놓고 보다보면 그 안에서 서로 연결되어서 새로운 문구를 만들어내기도 하고 참신한 문구가 눈에 띄기도 한다.

2011년 〈나는 꼼수다〉라는 제목의 팟캐스트 방송이 인기를 끌고 난 후, 아주 다양한 분야에서 '나는 ○○다'의 포맷을 활용하고 변형시켰다. 유명 팟캐스트 방송이자 책으로도 출판된 《지적 대화를 위한 넓고 얕은 지식》도 마찬가지다. 그 이후 예능 프로그램 〈알아두면 쓸데없는 신비한 잡학사전〉을 비롯해 비슷한 유형의 제목들을 우후죽순 생산해냈다. 하늘 아래 새로운 아이디어는 존재하지 않는다고 봐도 무방할지 모르겠다.

100개의 제목을 적었다면 그중 사용할 수 있는 아이디어의 비율을 얼마나 될까? 평균적으로 50퍼센트 정도는 사용하기 힘든 수준이고 40퍼센트 정도는 버리기는 아까우나 너무 자극적이거나 과한 아이디어가 도출된다. 나머지 10퍼센트 정도가 여러 가지 상황을 고려했을 때 적합한 아이디어지만 혁신적이란 생각은 들지 않는다. 그리고 간혹 1퍼센트 정도 아주 혁신적인 아이디어를 발견하는 순간을 맞이한다.

제목이 아니라 문제 해결에도 이러한 법칙이 적용될 수 있지 않을까? 일본에서 온라인 마케팅 회사를 운영하고 사고력에 관한 책을 쓰는 나가타 도요시永田豊志도 자신의 저서에서 아이디어란 4단계로 구분된다고 이야기한다. 아이디어의 4단계는 쓸모없는 아이디어, 후보 아이디어, 개선 아이디어, 혁신적인 아이디어다.

쓸모없는 아이디어는 말 그대로 버려지는 아이디어다. 참신하지도 않고 쓸모 있지도 않다. 후보 아이디어는 말 그대로 후보다. 재미있긴 하지만 현실에 적용하기는 어렵다. 이는 추후에 도움이 되는 아이디어로 변경될지도 모른다. 개선 아이디어는 특정 요소를 더 나은 방향으로 개선할 수 있는 아이디어다. 마지막으로 혁신적인 아이디어는 잘 등장하지 않는다. 이는 2~3배의 성과를 지향하고, 대립하고 모순된 상황의 문제를 해결하기 위한 아이디어를 말한다.

쓸모없는 생각에서 나온 아이디어

이 중 우리에게 필요한 건 개선 아이디어와 혁신적인 아이디어인데 두 가지가 어떤 아이디어인지 생각해보자. 개선 아이디어는 문제점의 20~30퍼센트 정도를 개선하기 때문에 인식하지 못하는 경우가 많다. 예를 들어 최근 지구 환경 문제와 플라스틱 재활용 쓰레기 문제 때문에 카페에서 플라스틱 컵 사용을 금지하는 법이 시행되었다. 이는 분명 플라스틱 재활용 문제를 개선하는 데 도움이 된다. 하지만 이는 직접적인 성과를 인식하기 어려우며 다른 모순적인 문제가 발생한다. 소규모 매장에서는 설거지로 인해 일하는 사람의 효율이 떨어진다. 하지만 특정 상황을 더 좋은 방향으로 만들기 때문에 채택할 수 있는 아이디어에 속한다.

그렇다면 혁신적인 아이디어로는 무엇이 있을까? 카페 이야기를 하고 있었으니 스타벅스를 떠올려보자. 예전에 스타벅스는 주문을 받을 때 '콜링'이라는 시스템을 사용했다. 주문받은 사람이 커피를 만드는 바리스타에게 자신들만의 언어를 사용하여 주문 내용을 전달하면 바리스타가 컵에 내용을 적은 다음에 커피를 만드는 프로세스였다.

하지만 이는 주문량이 늘어나면서 효율적이지 못한 상황에 놓이게 되었다. 이들은 프로세스를 개선하기 위해 콜링을 없앴다. 그리고 주문을 받는 사람이 주문을 받음과 동시에 컵에 '마킹', 즉 주문 내용을 적어서 바리스타에게 전달했다. 개선 아이디어였다. 많은 주문량을 처리하는 데 분명 효율적이었다.

그런데 다른 문제가 있었다. 스타벅스의 특징은 주문의 다양성에 있다. 고객이 원하는 대로 커피를 커스터마이징 해준다는 것이다. 이는 주문을 받는 사람이 외워야 할 것이 너무 많았기에 교육을 하는데 있어서 오랜 시간이 필요했다. 매장의 비용을 높이고 효율성을 저하시키는 원인이기도 했다.

이 문제를 해결하기 위해 스타벅스는 새로운 시스템을 만들었다. 이것이 현재 스타벅스에서 사용하고 있는 '라벨 시스템'이다. 이제는 주문을 받는 사람이 입력한 대로 라벨이 인쇄돼서 나온다. 내가 들은 바로는 이 시스템을 만드는 데 2년이 넘는 시간이 투입되었다고 한다. 이는 매장의 비용, 효율성, 교육, 정확성을 해결하는 혁신적인 아이디어였다.

혁신적인 아이디어를 만들고 찾아내고 유지하기 위해서는 온갖 노력이 필요하다. 현실적인 문제를 해결하기 위해서는 비용과 시간이 많이 소요된다. 하지만 혁신적인 아이디어가 적용되면 다양한 사람들의 문제를 해결할 수 있다. 또한 창의적이고 혁신적인 아이디어는 수없이 많은 쓸모없는 아이디어에서 시작되므로 쓸모없는 아이디어는 진짜로 쓸모없는 것이 아니라 앞으로 나아가기 위한 발판임을 기억하자.

회사에서 벌어진 '아무말 대잔치'

효율적으로 많은 양의 아이디어를 얻고 싶다면 브레인스토밍을 활용하는 것이 좋다. 브레인스토밍은 이미 너무 유명해서 다들 알고 있겠지만, 문제는 많은 사람들이 브레인스토밍을 잘못된 방식으로 사용하고 있다는 것이다.

브레인스토밍은 1930년대 광고회사인 BBDO의 CEO 알렉스 오스본^{Alex Osborn}이 만들어냈다. 광고 회사였던 BBDO는 계속해서 참신한 아이디어가 필요했다. 그런데 아이디어를 위한 회의에서 문제가 발생했다. 직원들이 아무말도 하지 않는 것이었다. 이 당시 직장에서는 권위와 규율이 중요했기 때문에 자유롭게 의견을 제시하지 못했던 것이다.

오스본은 고민하다 새로운 방식의 회의를 진행했다. 각기 다른 부서에서 관계가 별로 없는 사람들을 뽑아 모아놓고 회의를 진행했다. 거기에는 마케팅이나 기획부서뿐만 아니라 회계나 인사부서의 직원들도 포함되어 있었다. 그러자 직원들은 눈치를 보지 않고 자유롭게 자신의 의견을 제시했다. 아이디어와 직접적인 연관이 없는 직원들의 의견이 오히려 새로운 아이디어로 발전하기도 했다.

오스본은 이 방법을 더 구체화해서 브레인스토밍 형식의 회의 방법을 만들어냈다. 이는 이후에 다양한 분야로 확대돼서 사용되고 있으며 근 100년이 지난 현 시점에도 효과적인 방법으로 남아 있다.

브레인스토밍은 매우 자유로운 회의 방법으로 느껴진다. 그래서일까? 이를 따라하려는 사람들은 역시나 '매우 자유로운 방법'으로 브레인스토밍을 진행한다. 그러고는 별 다른 아이디어를 얻지 못한 채 '에이, 이 방법도 별로네'라고 말한다. 브레인스토밍은 자유로워 보이지만 철저하게 규칙적이어야 효과를 볼 수 있다. 브레인스토밍에 어떤 규칙이 존재할까? 브레인스토밍의 규칙은 기본 방침과 참가자가 지켜야 할 규칙으로 나눠진다.

브레인스토밍 기본 방침

① 5~10명이 이상적이다.

② 긴장되지 않은 환경이 필요하다.

③ 유형이 다른 혼성팀으로 구성하자.

④ 진행자는 편안한 분위기를 만들어야 한다.

⑤ 총괄적인 문제는 다루지 않고 구체적인 문제를 다룬다.

⑥ 복수의 주제가 아닌 단일한 주제를 다룬다.

⑦ 진행된 내용은 기록하여 모두에게 배포한다.

참가자 전원이 지켜야 할 규칙

① 아이디어의 좋고 나쁨을 판단하지 않는다. '그러나' 말고 '그리고'를 사용한다.

② 터무니없고 자유분방한 아이디어가 좋다.

③ 양이 중요하다. '질보다는 양'이라는 말을 기억하자.

④ 독자성에 집착하지 말자. 복수의 아이디어를 조합하고 타인의 아이디어를 개량하여 아이디어를 제안하자.

브레인스토밍의 규칙을 적극적으로 도입하여 회의를 진행해보자. 새롭고 다양한 아이디어가 끝없이 만들어지는 것을 목격할 수 있을 것이다.

지금까지 머릿속 생각을 정리하는 법, 표현하는 법, 더 나아가 확장하는 법에 대해서 알아보았다. 이는 직장생활이나 인간관계뿐만 아니라 내 삶을 변화시킬 가장 강력한 무기다. 인생에서 마주치게 되는 문제는 너무도 다양하지만 그 해결책은 대부분 생각법에서 찾을 수 있다. 생각은 한 사람의 인생을 결정한다고 해도 과언이 아니다. 그러나 누구도 우리에게 생각하는 방법을 가르쳐주지 않는다.

천재 과학자 아인슈타인은 이런 말을 남겼다고 한다. "어제와 똑같이 행동하면서 다른 미래를 기대한다면 정신병 초기 증세다." 우리는 그의 말을 다음과 같이 바꾸어볼 수 있다. "어제와 똑같이 생각하면서 다른 결과를 도출하려고 하지 말라!" 어떻게 생각하는지가 나의 미래를 결정할 것이라는 점을 잊지 말자.

참고 문헌

ㄱ

· 김정운, 《에디톨로지》, 21세기북스, 2014.
· 김주환, 《회복탄력성》, 위즈덤하우스, 2019.
· 김태원, 《생각을 선물하는 남자》, 21세기북스, 2010.

ㄴ

· 나가타 도요시, 《시간단축 기술》, 아르고나인미디어그룹, 2015.
· 나가타 도요시, 《아이디어 창조기술》, 스펙트럼북스, 2011.
· 나가타 도요시, 《최강업무기술》, 스펙트럼북스, 2011.
· 남충식, 《기획은 2형식이다》, 휴먼큐브, 2014.
· 니시무라 가쓰미, 《생각정리 업무기술》, 아르고나인미디어그룹,
  2015.

ㄷ

· 대니얼 J. 레비틴, 《정리하는 뇌The Organized Mind》, 와이즈베리,
  2015.
· 데이비드 앨런, 《쏟아지는 일 완벽하게 해내는 법Getting Things
  Done》, 김영사, 2016.
· 드니 르보 · 장 뤽 들라드리에르 · 피에르 몽젱 · 프레데릭 르 비
  앙, 《생각정리의 기술》, 지형, 2007.

ㄹ

· 류랑도, 《성과 중심으로 일하는 방식》, 쌤앤파커스, 2017.

· 리처드 니스벳,《생각의 지도The Geography of Thought》, 김영사, 2004.

□

· 메이슨 커리,《리추얼Daily Rituals》, 책읽는수요일, 2014.
· 미하이 칙센트미하이,《몰입의 즐거움Finding Flow》, 해냄, 2007.

ㅂ

· 바바라 민토,《논리의 기술The Minto Pyramid Principle》, 더난출판사, 2004.

ㅇ

· 애덤 그랜트,《오리지널스Originals》, 한국경제신문사한경비피, 2016.
· 앤드류 라제기,《리들The Riddle》, 명진출판, 2008.
· 앤서니 라빈스,《거인의 힘 무한능력Unlimited Power》, 씨앗을뿌리는사람, 2008.
· 앤서니 라빈스,《네 안에 잠든 거인을 깨워라》, 씨앗을뿌리는사람, 2008.
· 앤절라 더크워스,《그릿 GritGrit: The Power of Passion & Perseverance》, 비즈니스북스, 2016.
· 에드 캣멀 · 에이미 월러스,《창의성을 지휘하라Creativity, Inc.》, 와이즈베리, 2014.
· 에릭 슈미트 · 조너선 로젠버그 · 앨런 이글,《구글은 어떻게 일하는가How Google Works》, 김영사, 2014.
· 오연호,《우리도 행복할 수 있을까》, 오마이북, 2014.

· 올리버 예게스, 《결정장애 세대》, 미래의창, 2014.

ㅈ

· 정귀수, 《밀턴 에릭슨에게 NLP를 묻다》, 저절로북스, 2018.
· 정귀수, 《최면 심리 수업》, 저절로북스, 2017.
· 정민, 《다산선생 지식경영법》, 김영사, 2006.
· 조셉 오코너 · 존 시모어, 《NLP 입문》, 학지사, 2010.

ㅌ

· 테드 제임스 · 데이비드 셰퍼드, 《마술처럼 발표하고 거인같이 말하라》, 씨앗을뿌리는사람, 2011.
· 테루야 하나코 · 오카다 케이코, 《로지컬 씽킹Logical Communication Skill Training》, 일빛, 2002.
· 토니 부잔, 《성공을 위한 생각정리 노하우》, 부잔코리아buzan korea, 2008.

ㅎ

· 황농문, 《몰입》, 알에이치코리아RHK, 2007.

E

· EBS 〈동과 서〉 제작팀 · 김명진, 《EBS 다큐멘터리 동과 서》, 지식채널, 2012.

H

· HR 인스티튜트, 《로지컬 씽킹의 기술30ポイントで身につく！「ロジカルシンキング」の技術》, 비즈니스북스, 2014.

단순함의 힘

초판 1쇄 발행 · 2022년 9월 30일

지은이 · 김경록
펴낸이 · 김동하

펴낸곳 · 부커
출판신고 · 2015년 1월 14일 제2016-000120호
주소 · (10881) 경기도 파주시 회동길 445 4층
문의 · (070) 7853-8600
팩스 · (02) 6020-8601
이메일 · books-garden1@naver.com

ISBN · 979-11-6416-129-4 (03190)